LA VÉNÉRABLE

SERVANTE DE DIEU

ANNA-MARIA TAÏGI

D'APRÈS LES DOCUMENTS AUTHENTIQUES DU PROCÈS
DE SA BÉATIFICATION

PAR

LE P. GABRIEL BOUFFIER

DE LA COMPAGNIE DE JÉSUS

CINQUIÈME ÉDITION
REVUE ET CONSIDÉRABLEMENT AUGMENTÉE

PARIS

VICTOR RETAUX, LIBRAIRE-ÉDITEUR

82, RUE BONAPARTE, 82

1901

LA VÉNÉRABLE

SERVANTE DE DIEU

ANNA-MARIA TAÏGI

ÉMILE COLIN, IMPRIMERIE DE LAGNY (S.-&-M.)

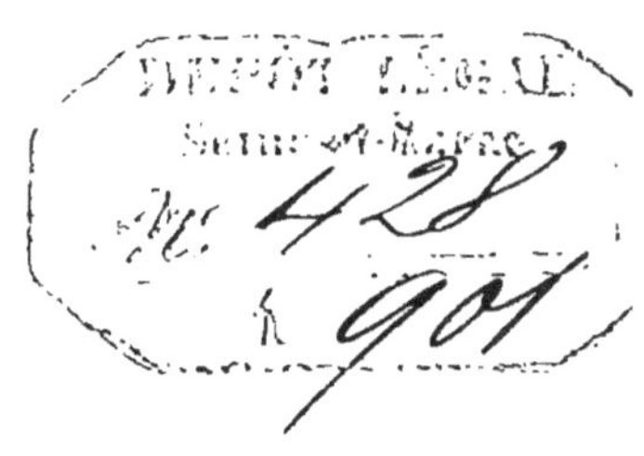

LA VÉNÉRABLE ANNA-MARIA TAÏGI

LA VÉNÉRABLE
SERVANTE DE DIEU
ANNA-MARIA TAÏGI

D'APRÈS LES DOCUMENTS AUTHENTIQUES DU PROCÈS
DE SA BÉATIFICATION

PAR

LE P. GABRIEL BOUFFIER

DE LA COMPAGNIE DE JÉSUS

CINQUIÈME ÉDITION
REVUE ET CONSIDÉRABLEMENT AUGMENTÉE

PARIS
VICTOR RETAUX, LIBRAIRE-ÉDITEUR
82, RUE BONAPARTE, 82

—

1901

Droits de traduction et de reproduction réservés.

Conformément au décret porté, le 17 mars 1625, par le pape Urbain VIII, l'auteur déclare que, si quelquefois il qualifie de sainte celle dont il publie la vie, il ne le fait que pour se conformer à l'usage reçu parmi les fidèles, qui donnent ce titre aux personnes recommandables par leurs vertus ; qu'il n'attribue qu'une foi humaine aux révélations dont il est question dans son livre, et qu'il soumet purement et simplement cet écrit au jugement et à la correction de la sainte Église catholique, apostolique, romaine.

AVERTISSEMENT

CINQUIÈME ÉDITION

———

Nous avons publié, il y a déjà plusieurs années la, Vie de la vénérable Servante de Dieu Anna-MariaTaïgi. La cause de sa béatification se traitait alors en cour de Rome ; et partout dans l'Église, les pieux fidèles accueillaient avec le plus vif et le plus religieux empressement tout ce qu'on racontait de cette femme extraordinaire qui avait pratiqué dans son obscure condition les plus hautes vertus, et avait reçu du ciel un don inouï, un privilège surnaturel tellement surprenant qu'on ne trouvait rien de semblable dans les annales de la sainteté, depuis le commencement de l'Église.

On s'attendait à voir bientôt ses modestes vertus recevoir les honneurs publics que l'Église accorde à ceux de ses enfants qui se sont signalés avec héroïsme dans le service de Dieu et à la vénérer sur les autels, on savait qu'à la sainteté de sa vie se joignaient des faits miraculeux obtenus par son intercession.

Dans la béatification et la canonisation des saints, le miracle est nécessaire parcequ'il est le signe de Dieu. Avant de se prononcer, l'Église le demande; et quel que soit l'éclat de la sainteté, si le miracle n'a pas lieu, l'Église s'arrête et attend. Le miracle ne manquait pas à la cause de la vénérable Anna-Maria Taïgi, lorsque, tout à coup, pour des motifs que nous n'avons pas à raconter, le procès de sa béatification fut interrompu, et sa cause remise à des jours plus lointains. Ces jours sont arrivés ; et voici que cette cause si intéressante a été reprise, et que bientôt la Sacrée Congrégation des Rites s'occupera de constater l'héroïcité des vertus de la Servante de Dieu. Cette bonne nouvelle nous a fait reprendre notre travail commencé il y a trente-cinq ans ; et nous offrons au public religieux la cinquième édition de la Vie de la vénérable Anna-Maria Taïgi que nous avons revue et enrichie de documents nouveaux.

Ces documents forment l'enquête juridique qui a servi de base à l'introduction de la cause de la Vénérable. Ils renferment les dépositions de vingt et un témoins qui ont tous connu personnellement la Servante Dieu. Parmi eux, on remarque un Père Trinitaire qui a été son confesseur, Domenico Taïgi, son mari, deux de ses filles Sophie et Marie, sa belle-fille et sa petite fille, le cardinal Recanati, Mgr Contratto, évêque d'Agui, la marquise Bandini, lord Clifford, etc... Avec les dépositions, ils contiennent encore plusieurs relations écrites après la mort de la Servante de Dieu, par des personnages qui l'avaient connue intimement. Les plus remarquables sont celles du cardinal Pédicini, vice-chancelier de l'Église romaine, préfet de la Sacrée Congrégation de la Propagande, et celle du Père Philippe-Louis de Saint-Nicolas, carme déchaussé.

C'est sur des extraits de ces divers documents que nous avons écrit la vie de la Vénérable. Nous avons eu en outre sous les yeux l'information rédigée par les postulateurs de la cause.

Pour ne pas charger de notes les pages de notre rédaction, nous ne les avons employées que pour les citations les plus importantes ;

nous avons suffisamment indiqué les autres, en les mettant entre guillemets.

Voici la liste des documents que nous avons consultés :

1° *Informatio super dubio : An sit signanda commissio introductionis causæ in casu et ad effectum de quo agitur ?*

2° Extraits de la relation de Mgr le cardinal Pédicini.

3°... De la relation du Père Philippe-Louis de Saint-Nicolas, confesseur de la Vénérable.

4°... De la déposition du prêtre qui reçut, par ordre du confesseur, les confidences de la Servante de Dieu, pendant plus de vingt ans.

5°... De Mgr Contratto, évêque d'Aqui, en Piémont.

6... De Domenico Taïgi, mari d'Anna-Maria.

7°... De l'attestation du marquis Charles Bandini.

8°... De l'attestation de la princesse Vittoria Barberini.

9°... Du résumé pris dans les mémoires des postulateurs, donné dans les *Analecta Juris Pontificii.*

10°... *Vita della venerabile serva di dio Anna-Maria Taïgi dal p. Silvestro delladdolorata Trinitario.*

Puisse la Vénérable du haut des cieux où sont couronnées ses vertus, obtenir par son intercession aux lecteurs et à l'auteur de sa Vie, l'esprit de foi et d'abnégation dont elle fut remplie, et dont elle a laissé de si beaux exemples !

INTRODUCTION

Le 8 janvier 1863, un décret émané de la Sacrée Congrégation des Rites, revêtu du sceau pontifical, annonçait à la ville de Rome et au monde chrétien l'introduction d'une nouvelle cause de béatification. Les décrets de ce genre sont assez fréquents depuis quelques années, à cause du grand nombre de saints personnages que leurs éminentes vertus ont mis, dans ces derniers temps, sur le chemin des honneurs publics que l'Église rend à la sainteté. Nous sommes ainsi faits que les mêmes choses souvent répétées, quelque grandes qu'elles soient d'ailleurs, semblent perdre de leur prix ; et ce qui paraît devenir commun, nous trouve facilement indifférents ; c'est dire que ces décrets solennels, qui signalent au monde l'héroïcité si rare de la vertu, passent souvent sans bruit et sans éclat.

Il n'en fut pas ainsi du décret du 8 janvier ; à peine fut-il publié qu'il attira vivement l'attention universelle ; les Romains l'accueillirent avec un sentiment de joie mêlé de reconnaissance et de respect ; et la ville entière resta sous l'impression d'une de ces émotions profondes, qui disent avec tant d'éloquence à un événement qu'il vient à son jour et à son heure.

Quelle était donc cette cause qui surprenait d'une manière si religieuse et si touchante cette antique cité romaine, qui a vu passer tant de grandeurs, et qui a compté tant de ruines ?... Était-ce la cause d'un de ces pontifes qui ont jeté sur le siège de Pierre le double éclat du génie et de la sainteté ?... Était-ce la cause d'un de ces apôtres qui furent par leur parole et par leurs prodiges le boulevard de la religion ?... ou bien un de ces héros qui vont porter aux infidèles la vérité de l'Évangile, et qui arrosent de leur sang les champs qu'ils fécondaient de leurs sueurs ?... Non... C'était tout simplement la cause d'une humble femme, d'une pauvre mère de famille, que la grâce avait attirée et qui, s'étant livrée tout entière à l'Esprit de Dieu, s'était sanctifiée par la prière, par la pénitence, par l'amour de Dieu et de ses frères.

Le peuple romain l'avait connue ; les pauvres et les petits l'avaient vue tout près d'eux, dans son obscur ménage, gagnant comme eux son pain et celui de ses enfants par son travail de chaque jour ; et, quand le pain manquait avec le travail, recevant humblement l'aumône et les secours de la charité. Les grands et les riches de Rome la connaissaient aussi ; ils l'avaient rencontrée dans les rues de la ville ; ils l'avaient vue dans ses sanctuaires et dans ses basiliques ; plusieurs d'entre eux étaient allés, sous son toit plus que modeste, demander le secours de ses prières ; d'autres lui avaient ouvert plus d'une fois leurs splendides appartements, et avaient entendu ses conseils ; des princes avaient reçu ses oracles, des évêques et des cardinaux avaient écouté ses leçons...

Son souvenir d'ailleurs était encore tout vivant dans la ville entière ; et ce que nous racontons était, le 8 janvier, présent à tous les esprits. Vingt-cinq ans à peine avaient passé sur la tombe d'Anna-Maria Taïgi ; une partie de sa famille était là, entourée de la considération que ses vertus lui avaient laissée comme son meilleur héritage ; la génération qui s'en va avait vécu avec elle ; et les témoins du procès de sa cause avaient pu dire *ce qu'ils ont vu de leurs yeux, entendu de leurs oreilles et touché de leurs mains*. Dieu, de son côté, avait paru ne pas vouloir que la mémoire de son humble servante s'éteignît sur le deuil de ses enfants avec la génération qui l'avait connue. Des miracles en grand nombre, obtenus par son intercession, tenaient éveillée l'attention publique et avaient rendu son souvenir populaire ; et, mêlant la majesté de leurs témoignages à certains récits prophétiques qui couraient sous son nom, ils donnaient au narré des vieillards tout le charme de la légende.

Anna-Maria Taïgi était connue de tous les Romains quand parut le décret du 8 janvier ; il n'est pas étonnant que l'introduction de sa cause fût un jour de fête pour la ville entière.

Elle devait être aussi un jour heureux pour tout le peuple chrétien. En effet, dans le décret de la Sacrée Congrégation, le Souverain Pontife marque à la Vénérable Servante de Dieu sa place dans l'Église et lui assigne son rôle et sa mission dans notre temps ; n'y a-t-il pas là pour tout cœur catholique un grand motif de joie et de reconnaissance ?

Il suffit de lire le décret de la Congrégation

Romaine pour être convaincu que sa mission est spéciale et toute providentielle ; et que Dieu a voulu se servir d'Anna-Maria Taïgi pour donner à notre siècle une grande et solennelle leçon.

« Quand Dieu, dit ce décret, veut montrer sa puissance et sa sagesse il emploie d'ordinaire ce qui aux yeux du monde, est faiblesse et folie, pour abattre le faste du siècle, rendre vaines les entreprises des impies, et briser les efforts de l'enfer. De nos jours, alors que l'orgueil de l'homme et les puissances infernales paraissaient avoir juré ensemble de saper, s'il était possible, non seulement les fondements de l'Église, mais encore ceux de la société civile elle-même, il a opposé une simple femme aux flots de l'impiété qui débordaient de toutes parts. Il a employé à cette œuvre Anna-Maria-Antonia-Guésualda Taïgi, née de parents honnêtes, mais pauvres ; mariée à un homme du peuple, chargée des soins d'une famille, et ne trouvant de quoi se nourrir, elle et les siens, que dans le travail de ses mains. Choisie de Dieu pour lui attirer des âmes, pour être une victime d'expiation, un obstacle aux trames des impies, et détourner les malheurs par ses prières, Dieu, après lui avoir ôté la poussière du siècle, se l'unit très étroitement par la charité, fit briller en elle des dons merveilleux, et l'orna de vertus telles, que non seulement les personnes pieuses de toutes les conditions, même celles du rang le plus élevé, mais encore les impies, en recevaient de bonnes impressions, et qu'elles donnaient à tous une haute idée de sa sainteté. »

Il est écrit, dit saint Paul : *Je perdrai la sagesse des sages et je réprouverai la prudence des prudents.* Evidemment notre siècle est remarquable par l'exagération ridicule de sa sagesse, de sa science et de ses progrès ; évidemment ses partisans le mettent au-dessus de tous les siècles de l'histoire ; et ils disent dans leurs écrits que, dans le passé du genre humain, il n'y a qu'abaissement, ignorance, misère et servitude ; et que seul l'esprit moderne a fait lever, à l'horizon des temps nouveaux, la vraie lumière et la vraie civilisation, et la vraie liberté et le bien-être, et autres choses de ce genre, qui sont la preuve évidente d'un très grand orgueil : et voici que Dieu, pour confondre ces superbes adorateurs de la raison et du progrès, choisit ce qu'il y a de plus bas et de plus vil ; il prend par la main une femme obscure, l'épouse d'un homme de peine, une femme réduite quelquefois à attendre les secours inespérés de la Providence pour soutenir sa famille et sa propre vie ; et, dans ce dernier degré de l'échelle sociale, dans cette condition basse et méprisée selon le monde, il répand ses bienfaits avec une abondance, une largesse, une prodigalité qui étonnent ceux mêmes qui savent le mieux pénétrer les secrets de la conduite de Dieu ; et parce que cette femme pauvre et oubliée a été fidèle à la voix qui l'appelait, voilà que la grâce divine la remplit de ses dons, la comble de ses faveurs, l'inonde de ses lumières, lui accorde des privilèges tellement extraordinaires, que ceux qui les connaissent en sont stupéfaits ; et que nous aurions de la peine à croire de pareilles merveilles, si les témoins n'étaient là qui disent sous la foi du serment : *Nous avons vu... nous avons entendu...*

Et alors, si les péchés des peuples se multiplient et s'élèvent comme des montagnes devant la face de Dieu ; si le faste et l'orgueil des mondains semblent ne plus connaître de bornes ; si l'enfer multiplie ses ruses hypocrites, et ses unions secrètes, au sein desquelles il souffle sa haine homicide ; si les ennemis de l'Église ourdissent leurs trames et leurs conspirations ; si les complots des méchants montent comme des flots qui menacent de détruire les fondements de la religion et de la société ; alors, contre tant de maux conjurés, le Seigneur se lève, et il oppose une digue dans sa puissance... Qui donc !... La pauvre femme... l'obscure Anna-Maria Taigï !... n'est-ce pas le lieu de s'écrier comme saint Paul : Où sont nos sages ? où sont nos docteurs ? où sont les savants du siècle ? et nos professeurs, et nos écrivains, et tous les membres de nos sociétés savantes, et tous nos modernes penseurs ?... Anna-Maria Taïgi devient sous la main de Dieu, et devant sa justice, l'âme de son pays et de son temps ; son cœur bat pour tous ; elle se fait la victime d'expiation, le rempart du Saint-Siège, l'hostie du pécheur, la consolation de l'affligé, le secours du pauvre, le guide du savant, et le conseil du prêtre... c'est un théologien, un docteur, un maître en Israël, un voyant des anciens jours, un prophète inspiré, un vrai thaumaturge !...

La sagesse s'incline devant sa parole, la science s'humilie, le génie s'abaisse, la grandeur s'agenouille, la suprême puissance et la tiare elle-même l'entourent de leurs respects... On se demande avec étonnement ce qu'est cette femme ! si c'est un être humain ou un être surnaturel !... Que dire en effet d'une âme qui a devant ses yeux, comme un livre toujours ouvert, le passé, le présent et l'avenir ; qui assiste à ce qui se fait à tous les points de l'espace et du temps, qui participe à un apanage divin, et pour laquelle, comme pour le Maître qui sait tout, rien n'a été et ne sera, mais tout est présent.

Vous demandez ce qu'est cette femme !... Dieu choisit ce qui est bas pour humilier ce qui est haut ; il prend ce qui est faible pour abaisser ce qui est fort ; entre ses mains un grain de poussière arrête les flots de la mer ; quelques atomes détruisent des armées ; le rien brise ce qui est ; et le néant anéantit la puissance... afin qu' « à Dieu seul soit la gloire, et que toute chair s'abaisse, et que tout esprit s'humilie devant lui. »

Il est des hommes qui ne croient pas, il en est qui doutent, il en est d'autres qui croient d'une foi timide et chancelante ; et tous ces hommes nous disent : Donnez-nous des signes, montrez-nous des prodiges. C'était déjà, du temps des Apôtres, le langage des Juifs charnels et des Gentils orgueilleux : et ce sera jusqu'à la fin le langage de la sensualité, de la présomption, de la science vaine et de la fausse sagesse.

A tous ces hommes, à toutes leurs questions, nous répondons que les signes et les prodiges n'ont jamais manqué à l'Église. Mais la sainte et sublime folie de la Croix, voilà le signe toujours nouveau et le prodige toujours aimé de la toute-puissance de Dieu.

Ce signe, le Père l'a donné au monde, et à tous les siècles ; d'abord, en Jésus son Fils et en la Vierge Marie, Mère Immaculée de Jésus ; puis encore, dans ses Apôtres et dans ses martyrs ; et ensuite, pendant la succession des âges, dans ses Saints de tous les ordres ; et de nos jours, dans une foule de vénérables personnages qui ont brillé du plus pur éclat de la sainteté, et en particulier dans l'humble femme dont nous retraçons les vertus dans ce livre. Anna-Maria Taïgi est un des signes de Dieu au milieu de ce temps, un des signes les plus remarquables qu'ait vus et admirés notre génération ; parce que sa condition, les grâces qu'elle a reçues, les vertus qu'elle a pratiquées, les prodiges surprenants que Dieu a opérés, par son moyen, font resplendir parmi nous d'une façon plus radieuse la folie de la Croix ; et, par la folie de la Croix, la Force et la Sagesse du Très-Haut. C'est pourquoi l'introduction de sa cause est une véritable consolation pour Rome et pour l'univers ; et le peuple chrétien tout entier doit en remercier le Seigneur. En effet, *si l'homme charnel ne comprend pas* ce qui est de l'esprit de Dieu (1), si la folie de la Croix est le mystère contre lequel viennent se heurter sans cesse l'égoïsme, l'amour-propre, toutes les pensées de l'homme et ses terrestres instincts ; quelle joie n'est-ce pas pour les enfants de Dieu, de voir glorifié de nos jours et d'une manière si éclatante par la sagesse divine le mystère de Jésus crucifié ; et de savoir par de nouveaux prodiges que le signe rédempteur de la Croix, objet sacré de leur foi, de leur espérance et de leur amour, est toujours le signe du salut, la source de la lumière, la condition de la vertu, le gage de la victoire et le sceau de l'immortalité.

(1) Saint Paul.

LA VÉNÉRABLE SERVANTE DE DIEU
ANNA-MARIA TAÏGI

LIVRE I

I

Dieu se plaît quelquefois dans les contrastes, et sa puissance alors aime à mettre ensemble les choses qui sont les plus éloignées et qui paraissent les plus contraires. Ne croyons pas cependant que ces dispositions de sa Providence ne soient qu'un jeu de sa volonté et comme un essai capricieux de sa force souveraine. Il y a toujours dans la conduite de Dieu une haute raison et une sagesse toute paternelle; quand sa puissance fait éclater quelque prodige, c'est que sa bonté veut nous instruire; et si sa main fait passer sous nos yeux des spectacles qui nous surprennent, c'est pour nous rendre plus attentifs en nous parlant plus haut.

Nous allons dans cette histoire rencontrer un de ces contrastes singuliers des choses : nous allons voir dans une même vie mêlées ensemble la bassesse et la grandeur, les lumières les plus sublimes et les plus obscures vertus, la condition la plus humble et la science la plus élevée ; nous allons voir l'ignorance dictant des conseils aux grands et aux sages; la pauvreté portant dans sa simplicité les secrets les plus hauts de la Providence; et, au milieu des merveilles qui étonnent ceux qui en sont les témoins, une femme pauvre, sur le chemin de la faveur et de la renommée, ne voulant point sortir de son modeste état, et, malgré les offres de la richesse et de l'opulence, aimant mieux demeurer dans l'ombre de son indigente condition.

Ce mélange étonnant nous donne d'abord une leçon d'humilité, parce que la grâce de Dieu s'y révèle dans la liberté de ses dons et dans l'éclat de ses prodiges, pour confondre, nous l'avons dit, nos idées trop humaines, abaisser notre sot orgueil, et nous démontrer par combien d'endroits notre sagesse et vaine est notre science est courte ; ensuite une leçon de confiance et de courage, parce que la sainteté y apparaît dans les pratiques les plus communes et les plus ordinaires de la vie chrétienne, sans autres vertus que les vertus commandées par le Décalogue et pratiquées dans leur perfection. Cette seconde leçon n'est pas la moins importante ni la moins opportune. Combien en effet qui s'imaginent faussement que la sainteté habite des rivages qu'ils ne peuvent atteindre ? qu'elle est le privilège exclusif du petit nombre de ceux que Dieu fait sortir, comme Abraham, de leur maison, de leur parenté ou de leur pays ? Ils ne peuvent pas croire que la vertu soit si près d'eux, et que la sainteté puisse naître sous leur toit et s'épanouir à leur foyer.

La vie d'Anna-Maria Taïgi prouve combien sont fausses toutes ces idées : ils verront la vénérable Servante de Dieu subissant nos luttes et nos épreuves de chaque jour dans les soins et les soucis de la terre, se mesurant avec les difficultés pratiques de la vie. Ils verront cette enfant du peuple ne chercher sur la terre que le royaume de Dieu et sa justice ; et recevoir avec un cœur libre et dégagé le reste par surcroît, tantôt bien, tantôt mal, de la main de Celui qui nourrit les oiseaux du ciel ; le bénissant dans la bonne comme dans la mauvaise fortune ; cette mère d'une nombreuse famille, qui a connu pour elle et pour les siens les rigueurs du travail et les privations de la vie; élevant ses enfants dans la crainte de Dieu; ne demandant pour eux comme pour elle que la grâce, la foi, la vertu, avec le pain de chaque jour. Ils la verront s'éteindre à la fin de sa course dans la paix de Dieu et dans la paix des hommes, parce qu'elle avait passé en faisant le bien. Voilà assurément une leçon de confiance et de courage, qui nous est donnée par la bonté paternelle du Seigneur. Qui de nous, devant de si modestes vertus, pourra croire que la sainteté demeure trop loin? qui ne voudra essayer d'imiter Anna-Maria Taïgi, dans la mesure des grâces qu'il reçoit de Dieu? Son exemple inspirera à un grand nombre la résolution d'entreprendre enfin le travail sérieux de la vie chrétienne; il fera comprendre à tous qu'une âme vivant dans le monde peut trouver, quand elle le veut généreusement, dans l'accomplissement des devoirs de son état, la source de la plus haute sanctification.

II

En l'année 1775, sur une des grandes routes d'Italie qui traversent la Toscane, et qui s'ouvrant au nord des États pontificaux conduisent à Rome par les riantes plaines de Viterbe, une pauvre famille allait à pied de ville en ville, poussée par l'indigence et le chagrin. Une petite fille de six ans suivait péniblement les pas de son père et de sa mère; et quand la fatigue avait lassé sa faiblesse, ses parents tour à tour la prenaient sur leurs épaules ou sur leurs bras. Cette jeune enfant, qui était en ce moment leur fardeau, était en même temps leur seul bien sur la terre et tout leur avoir : elle était tout ce qui restait de leur première fortune.

La petite troupe en effet n'avait pas toujours été réduite à cette extrémité si voisine de la misère; avant ses malheurs, elle avait occupé à Sienne, sa ville natale et sa patrie, un rang modeste, mais honoré. Luigi Giannetti était alors pharmacien; et il jouissait, chez ses concitoyens, d'une réputation méritée de religion et de probité. Sa femme, Santa-Maria Masi, partageait avec son mari les soins et les soucis de la maison; et, quoique d'un caractère bizarre, et d'une humeur difficile, elle était entourée de la considération qui s'attache naturellement à une femme solidement chrétienne. Une honnête aisance suffisait abondamment à tous leurs besoins; l'enfant que le malheur visitait de si bonne heure, était venue cimenter leur union, et combler ce vide que Dieu a laissé au cœur des époux. Née le 29 mai

1769, elle avait reçu sur les fonts sacrés les noms d'Anna-Maria-Antonia-Gesualda; six ans à peine s'étaient écoulés depuis cette joyeuse naissance jusqu'au moment où nous rencontrons nos voyageurs, tristes et malheureux, sur la route de Rome.

Comment s'était opérée la ruine de la maison de Giannetti ? Quels événements avaient préparé cette catastrophe ? était-elle le fruit de quelque projet mal concerté de fortune, et d'entreprises témérairement conduites ?... Non, l'ambition ne tourmentait pas ce modeste ménage ; son malheur vint de l'obstination de créanciers tenaces et intraitables. D'une probité sans reproche, honnête dans toute la force du mot, Giannetti dans son commerce avait toujours été fidèle à ses engagements. Dans ce moment, ses ressources modiques ne lui permettaient pas d'y satisfaire. Avec de vives instances, il demanda du temps. Mais l'horizon politique était chargé de sombres nuages ; et, comme il arrive dans ces moments où l'on pressent la tempête, chacun ferme son cœur pour ne penser qu'à soi. Craignant de perdre ce qui leur était dû, les créanciers de Giannetti insistèrent et furent sans pitié. Ce fut pour lui la triste perspective de la banqueroute. Toute son âme honnête et fière se souleva à cette pensée : et ce fut pour lui une immense douleur de se trouver devant la ruine ou le déshonneur.

Cependant Giannetti était un chrétien de forte trempe; il avait, lui aussi, des débiteurs qu'il eût pu poursuivre comme on le poursuivait lui-même. Il en avait le droit, mais c'était les jeter dans la misère; il n'en eut pas le courage. Il pouvait évincer ses créanciers par une de ces ruses cachées qui mettent le débiteur à l'abri en sauvant son avoir. Sa conscience le lui défendit. Chez les Giannetti, le devoir et l'honneur passaient avant l'argent. Giannetti fit part à sa femme de la triste situation de leurs affaires. Maria Masi partagea les sentiments de son mari; ils prirent une résolution courageuse et radicale. L'honneur de leur nom était en jeu; ils voulurent le garder sans tache, et que leur enfant surtout pût toujours le porter sans rougir; ils vendirent tout ce qu'ils avaient et se dépouillèrent pour payer leurs dettes. La ruine était complète, mais l'honneur était sauf; et Giannetti put déplorer devant les hommes le désastre dont il était la victime, parce qu'il ne tombait que sur les siens.

Cependant c'était triste pour lui de demeurer dans son pays, témoin constant des ruines de son passé, et de prolonger sans espoir au milieu de ses concitoyens le souvenir amer de son infortune. Giannetti ne put se résoudre à supporter longtemps cette situation si pénible; et après avoir mûrement réfléchi sur le parti qu'il avait à prendre, il trouva qu'il valait mieux fuir ces lieux où le succès avait si mal secondé son travail. Sur cette résolution, prenant sa femme et son enfant, il quitta Sienne et s'en alla porter au loin dans un pays où il n'était pas connu ses déceptions et ses regrets.

A la distance des faits que nous racontons et à la lumière que le temps a répandue sur la vie d'Anna-Maria Taïgi, qui ne voit dans les revers de sa famille la conduite providentielle du Seigneur? Dieu se sert de tout pour arriver à ses fins : et nos malheurs sont souvent entre ses mains un moyen efficace pour nous conduire à notre salut. Depuis la croix, l'adversité est devenue pour ceux qui croient la meilleure et la plus sûre école de la vertu.

III

Après de longues marches et une pénible route, la petite famille arrivait à Rome. Les grandes villes sont le refuge naturel des infortunes qui veulent être oubliées. Au milieu du bruit, et dans les agitions de la multitude, les malheureux peuvent donner un libre cours à leur tristesse et à leurs larmes ; en outre, dans ces grands centres de population où la richesse abonde, leur détresse peut trouver plus facilement, avec l'obscurité, des secours et du travail. Giannetti rencontra à Rome ce qu'il allait y chercher. Sans ressources d'argent, sans protection, sans appui d'amis, il comprit qu'à son âge, encore plein de force et de santé, le travail lui restait ; le travail est toujours pour l'homme de bonne volonté une richesse assurée. Giannetti et Maria Masi sa femme trouvèrent à se placer comme domestiques ; et, dans les gages que leur donnaient leurs journées, ils eurent bientôt, avec le pain et le vêtement, de quoi louer une petite demeure dans la rue de Virgini.

Anna-Maria demeurait avec son père et sa mère. Dans la journée, pendant que ceux-ci étaient occupés au service dans la maison de leurs maîtres, la jeune enfant était confiée aux soins des religieuses qui faisaient dans le quartier des Monts, que Giannetti avait choisi, l'éducation des enfants des pauvres ; ces religieuses sont connues à Rome sous le nom de PIEUSES MAITRESSES. Anna-Maria était douée de ces grâces naïves, de cette vivacité intelligente, qui font le charme de l'enfance. Ses maîtresses l'aimaient et elles s'appliquèrent à former à la piété son esprit et son cœur. De leur côté, ses parents secondaient, par leurs conseils et leurs exemples, les leçons que la religion donnait à leur enfant. La foi les avait soutenus au jour de leurs revers, elle les consolait dans leurs longues épreuves ; dans leur pauvreté ce secours leur restait, et ils voulaient en laisser l'héritage à leur fille. C'était assurément son plus riche trésor.

« Ils étaient bons chrétiens, dit le mari d'Anna-Maria dans sa déposition ; ils donnèrent, j'en suis certain, une excellente éducation à la Servante de Dieu, ils lui firent administrer les saints sacrements en temps et lieu ; mais je ne sais pas précisément l'époque et le lieu où elle fut baptisée et confirmée. Je sais de science certaine que ses parents la conduisaient à l'église pour entendre la messe de très grand matin. Elle passa son enfance et son adolescence auprès de ses parents, elle se confessa fréquemment, je le suppose. »

Anna-Maria avait grandi, elle venait d'atteindre sa onzième année lorsqu'elle reçut le sacrement de confirmation dans la basilique de Saint-Jean de Latran.

Le moment arrivait où sa première éducation allait bientôt s'achever ; avant de quitter ses pieuses maîtresses ; elle fit sous leur sage conduite sa première communion dans l'église de Saint-François-de-Paule des Monts, sa paroisse.

Les pièces du procès de sa béatification ne nous disent rien des sentiments qui animèrent son âme à ce moment solennel où le cœur reçoit pour la première fois la visite eucharistique de son Sauveur ; et où l'Église, par le sacrement de l'huile sainte qui fait du chrétien un soldat de Jésus-Christ, consacre le passage délicat de l'enfance à l'adolescence. Il est à croire que sa piété n'offrit rien qui pût attirer l'attention des autres ; Anna-Maria, comme le plus grand nombre des enfants de son âge, porta à ces deux sacrements cette foi naïve et ces prières candides qui, sur les lèvres de l'innocence, sont toujours très agréables à Dieu.

La grâce d'ailleurs, qui l'avait choisie dès le berceau, n'avait pas encore parlé ; Dieu a son temps et son heure.

Anna-Maria avait treize ans, quand elle quitta ses pieuses maîtresses ; c'était le moment de se mettre à l'œuvre et de commencer par le travail à gagner quelque peu d'argent. Son intelligence et sa dextérité la rendirent facilement habile dans les travaux propres à son sexe, de sorte qu'elle put bientôt augmenter pour sa part le modeste pécule de la famille et grossir ses épargnes. On lui avait appris à dévider la soie : elle travailla quelques années chez d'honnêtes personnes qui occupaient des jeunes filles à ce genre d'industrie.

IV

Cependant Anna-Maria arrivait à cet âge difficile où la vie est semblable à l'eau qui cherche dans un vase trop plein à déborder de toutes parts ; âge d'illusions et de légèretés insouciantes, âge des aspirations chimériques et des témérités dangereuses ; elle sentait s'éveiller en son cœur ces mouvements inconnus qui poussent la jeunesse à la vie de surface et la livrent, si elle n'y veille, aux séductions du dehors. C'est l'âge où les jeunes personnes, et en particulier celles qui appartiennent à la classe ouvrière, rencontrent les tentations les plus délicates. Quoique douée d'une imagination impressionnable, d'une vive sensibilité qui se développait dans un caractère impétueux et plein d'ardeur, Anna-Maria ne prévoyait pas que l'ennemi pût placer le danger sur sa route ; l'innocence est naïve et ne sait pas le mal. Mais elle commençait à ouvrir son cœur aux charmes de la grande séduction qui entraîne les jeunes personnes, la séduction de la vanité. Cette grande passion des petites choses est, chez la femme, le signe de sa faiblesse et l'indice des besoins de son cœur ; elle s'allie peu avec une piété solide, rend l'esprit léger, et peut devenir funeste à celles qui s'y livrent avec ardeur.

Sous l'influence des impressions de son âge, Anna-Maria se dégoûta de son métier de dévideuse. Il paraît aussi que cet état ne lui offrait que de trop modestes ressources ; une vie plus active répondait mieux d'ailleurs à son ardente nature et lui était surtout plus avantageuse, si, en lui promettant de meilleures garanties pour l'avenir, elle lui donnait plus de moyens de satisfaire à la fois ses besoins et ses goûts. En conséquence, après qu'elle eut fait part à ses parents de sa résolution, il fut décidé qu'elle chercherait à se placer et à se mettre en service.

Son père était alors employé comme domestique chez une dame respectable, nommée Maria, qui habitait le palais Maccarani. Il trouva l'occasion de lui faire accepter sa fille pour femme de chambre. Quelle bonne fortune! le père et la fille travailleraient sous le même toit : c'était pour la jeunesse et l'inexpérience d'Anna-Maria une garantie de plus. Mais les maisons les plus recommandables préservent-elles de tout danger ? et les regards paternels, quelque vigilants qu'ils soient, peuvent-ils empêcher la tentation de se glisser sur le chemin ?

Comme le plus grand nombre de ses compagnes, Anna-Maria aimait la vanité sans arrière-pensée; elle se parait avec bonheur pour étaler sa toilette au grand jour, pour montrer sur les promenades et dans les fêtes un vêtement qui faisait ressortir la fraîcheur et les agréments de sa jeunesse ; pleine d'entrain, à la fois candide et légère, elle ne soupçonnait pas que l'ennemi de tout bien pût cacher des pièges dans les atours dont on se pare. Combien de jeunes filles oublient que celles qui se parent aiment à être vues ! Un regard, par les conséquences qu'il peut entraîner surtout pour les filles pauvres, est souvent le châtiment de leur imprudente vanité.

Le palais Maccarani était grand et vaste, comme tous les palais de Rome ; plusieurs familles l'habitaient. Giannetti avait ses heures de travail réglées ; Anna-Maria, comme toutes les filles de service, allait et venait, selon les besoins de son emploi. Ce fut là qu'elle rencontra un regard qui la surprit, et qu'elle entendit une parole qui l'offensa... La grâce de Dieu, qui nous accompagne toujours, surtout au moment de l'épreuve, ne lui fit pas défaut : sa conscience chrétienne se réveilla tout entière devant cette séduction qu'elle n'avait pas prévue, mais que sa foi et son courage repoussèrent de toutes leurs forces. C'était le moment de la tentation, ce fut celui de la victoire. Si Anna-Maria aimait la parure avec un peu d'excès, son âme honnête était cependant fermement résolue de rester toujours pure.

V

Sur ces entrefaites un bon Milanais, nommé Domenico Taïgi, avait fait la connaissance du père d'Anna-Maria. Domenico venait chaque jour au palais Maccarani porter le dîner de la famille chez la dame Maria. Taïgi et Giannetti s'y voyaient souvent et ils avaient, comme il arrive ordinairement en pareille circonstance, lié entre eux des relations amicales.

Depuis quelque temps, Domenico cherchait l'occasion de se marier; mais il voulait trouver dans une compagne ces qualités solides qui assurent le bonheur d'une maison. La fille de Giannetti, qu'il rencontrait facilement sur son passage, avait attiré son attention. Elle avait une bonne santé, elle était agréable, active, intelligente. Il pensa qu'elle devait fixer son choix. Il prit alors sur la famille et sur les qualités personnelles de la jeune fille des renseignements plus précis; et comme ils furent satisfaisants, il se décida, après lui avoir offert sa main, à la demander en mariage à ses parents.

Les circonstances servaient bien son dessein : l'occasion dangereuse qu'Anna-Maria avait surmontée, avait laissé son esprit inquiet sur l'avenir, et lui avait mis au cœur des pensées plus sérieuses; elle avait compris que la vie a des dangers réels, et qu'une jeune personne que Dieu n'appelle pas à se donner à lui, doit, quand l'heure est venue et que la Providence le lui présente, accepter un appui et se faire un abri. Taïgi était honnête, homme de bonnes mœurs, chrétien aux convictions sûres et pratiques; il était en outre employé comme domestique dans la maison des Chigi. La famille des princes Chigi occupait à Rome un rang des plus distingués. Chez les princes, tout se fait grandement, et les plus petits emplois eux-mêmes se ressentent de l'opulence qui règne autour d'eux. Taïgi avait une bonne place et des appointements très convenables; en offrant sa main à Anna-Maria, il pouvait encore se charger de sa mère et la prendre chez lui. C'était pour le petit ménage des Giannetti une ressource de plus.

Il y avait bien quelque disproportion dans les naissances. Les petits, quoiqu'il y paraisse moins, sont, sous ce point de vue, aussi susceptibles que les grands. A Sienne, où la première fortune des Giannetti était connue, c'eût été peut-être une difficulté. A Rome, si le passé leur laissait des regrets, leur situation présente les rendait moins difficiles; dans cette ville, la Providence les avait fait égaux, le mariage convenait, ils acceptèrent.

Si leur fille eût joui d'une plus grande fortune, il y a assurément une question qui les eût occupés davantage, c'est celle des goûts et des caractères. Évidemment, l'union la plus intime, une union indissoluble, demande pour le repos de la vie une certaine uniformité dans les vues, dans les sentiments et dans les instincts. A ce point de vue, Domenico et Anna-Maria n'allaient pas bien ensemble; celle-ci possédait une âme élevée, généreuse et ardente; un de ces cœurs prompts à voir, vifs à sentir, et toujours prêts à faire... Domenico, quoique bon au fond, avait dans sa nature un mélange singulier de bonhomie et d'opiniâtreté; lent à concevoir, et entêté dans ses résolutions, il offrait tout à la fois la faiblesse qui irrite et la résistance qui déconcerte.

Chez les riches, ces différences d'humeur et de caractère sont la plaie de la plupart des mariages; chez les pauvres, heureusement, ces questions sont tout à fait secondaires. Les habitudes d'un travail grossier qui les ont dès l'enfance façonnés à la dure, les mettent ordinairement à l'abri de ces peines morales que créent chez les classes élevées, dans le support mutuel, les éducations trop délicates, les recherches excessives du bien-être, et de la part des femmes les exagérations de la sensibilité. Ce n'est pas seulement au point de vue de l'éternité que Notre-Seigneur a dit: Bienheureux les pauvres...

Le bon maître savait que le travail uni à la vie de foi et à la prière est, même ici-bas, la plus sûre condition du bonheur. Si la classe ouvrière, travaillée de nos jours par les mauvaises doctrines, voulait enfin croire à l'Évangile et mettre ensemble ces deux choses, le travail et la foi, elle verrait que, même ici-bas, elle possède encore la meilleure part.

Les premières ouvertures étant faites, et tout paraissant s'arranger à la satisfaction des deux familles, Giannetti et Taïgi n'oublièrent pas avant de conclure, comme il arrive si souvent, de consulter sur leur projet dans la prière la volonté du Seigneur. Avant les décisions importantes et avant les mariages en particulier, la prière qui interroge et qui demande, était, du temps de nos aïeux, dans les habitudes des familles chrétiennes. Anna-Maria et Domenico avaient la foi de nos pères et ils croyaient que, devant la détermination qu'ils allaient prendre en vue de leur avenir temporel et éternel, ils devaient d'abord recueillir leurs pensées en présence de Dieu et lui demander son secours et ses bénédictions...

« Je la demandai tant à sa mère qu'à son père, qui servait dans la maison de cette dame Maria, après avoir eu l'assurance de la jeune fille qu'elle m'épouserait. Je sais qu'elle pria Dieu afin de connaître sa volonté, je le fis aussi de mon côté... »

Quand ils se furent ainsi recueillis, et qu'ils eurent reconnu le bon plaisir de Dieu dans la paix de leur résolution, ils se présentèrent à l'autel. Le prêtre les bénit dans la paroisse de Saint-Marcel, dans la semaine de l'Épiphanie. C'était en l'année 1789. Anna-Maria touchait à ses vingt ans.

Nous sommes loin de ces pieux usages et de ces mœurs chrétiennes. Aujourd'hui, même dans le plus grand nombre des familles, le mariage est affaire de position, d'argent ou de convenances ; les apprêts de ce grand jour, qui donne à deux vies cette immutabilité solennelle que la mort seule a le droit de toucher, se font dans des agitations commandées par le luxe, l'amour-propre et l'ostentation ; on s'étourdit pour ne penser qu'à des détails puérils ; à peine, au dernier instant, donne-t-on à Dieu dans l'église une demi-heure d'émotion ; ensuite on dîne, on s'amuse et on part.

VI

Si les préoccupations de son mariage avaient donné à Anna-Maria de plus sérieuses pensées. elles ne l'avaient cependant pas guérie de l'amour de la vanité et de la toilette. Sa position de jeune mariée sembla même donner un nouvel essor à son entrain naturel pour les distractions, pour la parure et pour les fêtes. Son âme était sous l'impression de ce que le Saint Esprit, au livre de la Sagesse, appelle si bien : *la fascination de la bagatelle* ; et, sans entraves, elle laissait aller à ce courant son imagination et son cœur.

Le mariage est dans toutes les familles une occasion de dépense ; quoique pauvre, Taïgi avait donné à sa jeune épouse, comme c'est l'usage, quelques parures plus recherchées. Anna-Maria ne laissa pas passer l'occasion de montrer ses robes et ses colliers, et de paraître dans tout l'éclat de ses toilettes. De son côté, Domenico, qui avait eu un goût heureux, secondait volontiers les empressements de sa compagne. Avide des félicitations de ses connaissances, il était fier de la produire dans les lieux que fréquentait la foule, et de chercher, dans les regards et les appréciations du public, une approbation de son choix.

Les populations des contrées méridionales, on le sait assez, aiment passionnément les divertissements et les spectacles. L'aspect de leurs campagnes presque toujours riantes, les feux de leur soleil dans un ciel sans nuage, l'éclat de leurs nuits sereines et azurées, la vue de la mer qui baigne leur rivages, l'air embaumé des parfums de leurs riches coteaux ; toutes ces choses donnent à leur imagination des élans, et à leur sensibilité des impressions, qui ont besoin de se répandre en chants, en poésie, en lumière et en fêtes.

Née à Sienne, élevée à Rome, Anna-Maria était Italienne de race, de sang et d'enthousiasme ; toujours prête à la distraction, toujours vive à la joie, toujours ardente à se montrer, riant, chantant et satisfaite de faire briller sa fraîcheur de vingt ans sous le charme des parures que lui permettait son modeste état. Si ses souvenirs de jeune fille lui rappelaient le danger couru, maintenant qu'elle s'était donné un protecteur, elle était sous son ombre, à l'abri de toute crainte ; et dans la naïveté de son cœur elle se laissait aller à son entrain, et à jouir des plaisirs honnêtes que lui permettaient sa condition et son état. L'affaire de son salut l'inquiétait peu, parce qu'elle donnait avec régularité à la religion, à ses devoirs et à ses pratiques, leur mesure et leur heure. Elle éprouvait bien cependant de temps en temps quelques inquiétudes et quelques remords, mais elle savait s'en distraire et les chasser de son esprit ; et elle apaisait sa conscience que la grâce visitait, en remettant à l'âge des rides le soin de s'occuper plus sérieusement de ses devoirs envers Dieu.

VII

Dieu, qui avait sur Anna-Maria des desseins particuliers de miséricorde et de sanctification, ne la perdait cependant pas de vue, lorsqu'elle se tenait ainsi loin de lui ; et sa grâce la suivait sur le chemin de ses frivolités et sur la pente facile où l'entraînaient les joies trompeuses de la vie présente ; elle lui en faisait souvent sentir le vide et la fatigue, et réveillait dans sa conscience la voix sévère qui parle du devoir et de nos éternelles destinées.

Les luttes intérieures entre la grâce et la nature commençaient à se livrer de rudes assauts. Ce fut à ce moment que se manifesta la première faveur extraordinaire du Seigneur pour cette âme privilégiée, et que commença, dans l'ordre surnaturel, l'annonce et le pressentiment de ce que Dieu lui destinait.

C'était un jour de fête : parée dans tout l'éclat de sa vanité, Anna-Maria traversait joyeuse la place de Saint-Pierre, elle allait, dans un esprit de curiosité, prendre part à une fête religieuse dans la basilique du Vatican. En même temps marchait tout près d'elle un religieux de l'ordre des Servites. Le père Angelo ne connaissait pas Anna-Maria, et rien ne portait ce pieux religieux à s'occuper de cette jeune femme qui passait près de lui; lorsque tout à coup il fut saisi par un mouvement intérieur qui l'entraîna à la regarder, et, en même temps que ce mouvement se faisait sans qu'il pût s'en expliquer le motif, il entendit comme une voix mystérieuse qui lui disait :

« Fais attention à cette femme : je la mettrai entre tes mains, tu travailleras à sa conversion, et elle se sanctifiera, parce que je l'ai choisie... Je l'appelle à la sainteté. » Anna-Maria passa sans soupçonner qu'à ce moment Dieu venait de désigner le guide qui la mettrait sur le chemin de la plus haute vertu, et marquer l'heure toute prochaine de son retour.

Cependant les luttes intérieures augmentaient dans son cœur avec ses résistances ; cette lumière qu'elle avait si souvent cherché à éteindre reparaissait toujours plus vive ; la voix, qu'elle eût voulu étouffer, parlait toujours plus haut ; elle s'endormait au bruit des plaisirs de la terre, et tout à coup elle se réveillait en sursaut, pressée par le remords ; elle cherchait à se tromper elle-même, à prolonger ses illusions, et ses illusions évanouies ne lui laissaient qu'une plus profonde amertume ; l'ennui naissait au sein des plaisirs, et ces fêtes, qui faisaient son enthousiasme, ne lui donnaient plus qu'un vide désolant.

VIII

Cependant, dans ces combats intérieurs, la grâce gagnait chaque jour du terrain ; l'ennui, le dégoût, la tristesse prenaient la place de l'enthousiasme et de la joie. Anna-Maria était attirée tantôt avec suavité, par une impression douce qui lui montrait la fragilité des choses créées ; tantôt avec énergie, par un sentiment de terreur qui fondait sur elle comme un flot, et mettait sous ses regards les jugements de Dieu ; la grâce brisait ainsi un à un les liens qui l'attachaient à la terre, l'enveloppait de sa lumière et cherchait à l'absorber dans les eaux vivifiantes de la sainteté. Evidemment une pareille lutte ne pouvait pas durer bien longtemps ; et Anna-Maria, tourmentée comme elle l'était par sa conscience, n'avait pas sous la main les moyens d'une longue et forte résistance.

Bienheureux les pauvres, parce que Dieu les a mis sur le chemin du salut ! La pauvreté ne lui offrait aucune de ces tristes ressources, que les heureux du siècle trouvent dans la richesse, pour s'étourdir au bruit de leurs joies perverses; elle ne lui permettait pas de chasser les ennuis de son cœur par la variété de ses plaisirs, et d'étouffer ses remords dans le nombre de ses dissipations : la grâce la serrait de près, semblable à une place assiégée qu'une armée ennemie environne de toute part et qui ne peut se ravitailler, Anna-Maria s'avoua vaincue, et déposant volontairement les armes, elle se jeta aux pieds de son maître et lui demanda les conditions de la paix et du pardon.

Les grâces qui avaient amené ce retour n'étaient pas des grâces ordinaires. Anna-Maria voulut y répondre par de généreuses dispositions ; les premières paroles qui tombèrent de ses lèvres, lorsqu'elle fut auprès du confesseur, témoignent des sentiments profonds de son cœur. *Mon père*, lui dit-elle, *vous avez à vos pieds une pauvre pécheresse...* Cependant, Anna-Maria n'avait jamais manqué à ses devoirs essentiels : entraînée dans le tourbillon du monde, elle avait gardé intacte sa foi conjugale ainsi que l'observance des préceptes divins ; mais, à ce moment, la lumière céleste à laquelle elle avait ouvert son cœur, en lui découvrant toute la folie de son passé, lui montrait les abîmes du péché et lui faisait pressentir les tristes suites que cette vie légère et dissipée aurait pu amener pour sa perte. Cette vue la saisissait tout entière, et elle voulait dans la confusion du présent chercher des forces pour l'avenir. Ces forces ne lui furent pas données ;

avant d'arriver au port, cette âme ballottée par l'orage devait rencontrer un dernier écueil. Anna-Maria émue, troublée, souffrante, demandait une main secourable qui pansât ses blessures et répandît l'huile et le baume sur ses plaies saignantes. Malheureusement le bon Samaritain ne se trouva pas sur sa route ; et le lévite qu'elle rencontra, passa outre en la heurtant par sa dureté. Le prêtre auquel elle s'était adressée n'était pas celui qui, choisi entre mille, devait la toucher de sa houlette, et la remettre guérie au bercail ; à peine eut-il entendu ses premières paroles qu'il la traita avec une brusquerie peu sacerdotale, et sans lui laisser presque le temps de faire l'aveu de ses fautes, il se hâta de lui donner l'absolution et il la renvoya, en lui disant : » Allez-vous-en, vous n'êtes pas de mes pénitentes. »

Ce fut pour elle une grande épreuve ; un trouble nouveau vint se mêler aux agitations intérieures de sa vie, et le démon des mauvais conseils vint s'asseoir dans son esprit et dans son cœur.

IX

Le découragement est certainement dans la vie chrétienne un des plus grands obstacles au salut. C'est par le découragement que le démon tient captives dans les liens du péché une foule d'âmes tourmentées par les remords. Anna-Maria fut assaillie par ces tentations, et l'enfer lui livra de nouveaux assauts pour la rejeter loin du port à la merci de la tempête ; mais Dieu veillait sur elle ; et dans sa détresse, elle se retourna une seconde fois vers celui qui la poursuivait de sa lumière et de ses grâces ; elle avait fait une première fois un acte de courage qui n'avait pas été heureux ; se confiant en Dieu, elle résolut d'en faire un second et de tenter encore la planche du salut. Le bon pasteur, qui court après la brebis égarée, ne pouvait pas refuser d'ouvrir ses bras à celle qui venait frapper à la porte de la bergerie ; et le père de famille qui pleure si amèrement les égarements du prodigue, ne pouvait laisser sans secours un enfant qui venait implorer son pardon. Un mouvement intérieur conduisit Anna-Maria dans l'église de Saint-Marcel ; elle ne savait à qui porter le poids de sa conscience, elle ne connaissait aucun des Pères qui exerçaient dans ce lieu les fonctions du saint ministère. Après s'être recueillie pendant quelques instants, elle vit un confessionnal entouré d'un grand nombre de personnes et plus fréquenté que les autres. Ce concours attira sa confiance ; et, sans s'informer quel était le prêtre auquel elle allait s'adresser, elle vint se mettre à la suite des autres, pour se confesser.

Le religieux, qui était là occupé à entendre les confessions, était celui qui l'avait rencontrée sur la place de Saint-Pierre, et que Dieu avait chargé de la ramener totalement à lui.

Quels furent les sentiments du pieux religieux quand il vit à ses pieds celle qu'il attendait, celle que Dieu avait marquée du signe du salut, et que sa grâce confiait à ses soins pour lui ouvrir les voies de la sainteté ?... Elle s'était à peine présentée qu'il la reconnut, et que, lui adressant paternellement la parole, il lui dit : « Vous êtes donc enfin venue... »

Il est dans la vie des heures décisives qui semblent spécialement destinées à fixer le sort d'une âme pour ce monde et pour l'autre. Celle qui conduisit Anna-Maria à l'église de Saint-Marcel fut une de ces heures. Que se passa-t-il entre ces deux âmes qui se rencontraient dans la lumière de Dieu ? Nous ne le savons pas ; mais nous pouvons le présumer en voyant ce changement radical qui s'opéra dans la vie de la Servante de Dieu. Anna-Maria trouva dans le saint tribunal le prix de son courage ; elle sentit les heureux effets du pardon divin, et recueillit dans la joie et la sérénité de son âme les fruits que l'on goûte dans la paix de Dieu. Le père Angelo lui donna ses soins les plus empressés, il entoura son retour à la vertu de ses plus touchantes sollicitudes.

Au sacrement de la pénitence, le prêtre est, par-dessus tout, le ministre de la miséricorde du Sauveur ; ce zélé directeur lui en montra toutes les tendresses, il dilata les sentiments de son propre cœur pour revêtir ceux du cœur de Notre-Seigneur envers cette âme qui venait s'humilier sous la main puissante de son maître et de son Dieu. Anna-Maria était de condition modeste, mais elle avait une âme élevée. Elle comprit que l'homme seul ne parle pas comme lui parlait le pieux religieux ; que l'homme seul ne touche pas les âmes comme le Père Angelo touchait la sienne ; elle sentit que Dieu était là, et que son ministre n'était que l'instrument de ses bontés. Alors elle voulut répondre à tant de grâces par la reconnaissance des grands cœurs ; et, parce qu'elle comprit que Dieu la voulait tout entière, elle se donna à lui sans réserve. Ce jour fut celui de sa conversion : dès ce moment, elle prit son essor vers la sainteté, et ce fut sans retour jusqu'à sa mort.

X

Lorsque Clovis abjurant l'idolâtrie vint demander le baptême à saint Remy, le grand évêque définit en quelques mots les signes et les conditions de la vraie conversion. « Courbe la tête, fier Sicambre, disait l'évêque au roi des Francs, brûle ce que tu as adoré, adore ce que tu as brûlé... Anna-Maria, dans son retour à Dieu, fut du petit nombre de ces âmes, qui réalisent à la lettre le sens et la portée des paroles de saint Remy. Brûle ce que tu as adoré, adore ce que tu as brûlé ! Cette parole qui vient d'elle-même au fond de la conscience de l'âme qui veut totalement revenir à Dieu, Anna-Maria l'entendit, et dès ce moment on la vit renoncer à tout ce qu'elle avait aimé : fuir ces fêtes où elle se plaisait tant à se montrer, rejeter ces parures et ces ornements qui faisaient le charme et la joie de sa jeunesse ; et, prenant au sérieux l'Évangile, elle mit dans son cœur l'humilité à la place de l'orgueil, la mortification à la place de la vanité ; la folie de la Croix devint alors son ambition et son enthousiasme ; et désormais l'austérité des mœurs, la pauvreté courageuse-ment supportée, le travail assidu et régulier, les soins de sa maison, la charité, la patience, la prière, furent tout le mobile de sa vie.

Ce changement radical dans sa conduite était irrévocablement arrêté dans son esprit ; mais ce n'était pas assez pour la ferveur de son retour, elle voulut qu'il fût connu, et, que ceux qui avaient été les témoins de ses légèretés, le fussent aussi de ses résolutions. Ce fut dans

cette pensée qu'elle quitta absolument toute parure qui pût flatter son amour-propre, qu'elle se
dépouilla complétement de tout ce qui pouvait
avoir quelque apparence de vanité ; dès ce jour,
l'élégance céda la place à la plus grande simplicité, elle choisit pour ses vêtements des étoffes
communes et même grossières, et ne porta plus
rien sur elle qui sentît la moindre recherche. Ce
n'était pas assez d'avoir brisé de cette manière
avec le monde, elle eût voulu pouvoir le quitter
tout à fait, et aller au loin demander à la soli-
tude et à la pénitence un asile pour pleurer ce
qu'elle appelait les égarements de son adolescence. Mais les obligations de son état la rete-
naient au milieu du siècle, elle voulut au moins
faire tout ce qui serait en son pouvoir pour se
mettre publiquement au service de Dieu. Le père
Angelo, auquel elle ouvrait toute son âme, lui
proposa d'entrer dans un tiers-ordre ; Anna-
Maria accepta avec bonheur cette proposition,
et comme elle avait une grande dévotion au
mystère de la Sainte Trinité, ils décidèrent
qu'elle demanderait son admission dans le tiers-
ordre des Trinitaires.

XI

Ce tiers-ordre est un des plus anciens dans l'Église. Après une céleste vision, saint Jean de Matha, aidé de saint Félix de Valois, venait d'établir l'ordre de la Sainte-Trinité pour la rédemption des captifs. Demandé par le ciel, béni par le vicaire de Jésus-Christ, cet ordre nouveau avait pris dès ses commencements des développements considérables. Pour augmenter les ressources nécessaires au rachat des chrétiens, et pour donner en même temps à la piété des fidèles un aliment de zèle, de prière et de dévouement, le saint fondateur institua pour les personnes qui vivent dans le siècle une pieuse association qu'il rattacha par des liens très étroits à l'ordre religieux qu'il avait fondé. Ce fut le tiers-ordre des Trinitaires. Les fidèles qui en faisaient partie s'engageaient à honorer d'une manière particulière le mystère de la très sainte Trinité, à réciter des prières déterminées et à vivre chrétiennement selon leur état. Ils participaient à toutes les grâces et faveurs spirituelles accordées au grand ordre par le Saint-Siége; ils avaient part aux mérites, aux bonnes œuvres des religieux, et après leur mort à leurs suffrages; et ils portaient comme eux, en signe de leur union fraternelle, le scapulaire blanc avec croix rouge et azur. Approuvé par Innocent III, confirmé et encouragé par ses successeurs, le tiers-ordre se répandit bientôt dans toute l'Église, et il devint un puissant auxiliaire pour l'œuvre de la rédemption des captifs. Il avait ses chefs, ses directeurs, ses règlements, ses pratiques de dévotion, ses exercices de zèle, ses lieux de réunion; et il recueillait d'abondantes aumônes qui allaient grossir les ressources de l'ordre tout entier. Il contribuait ainsi par la prière et le sacrifice à la grande œuvre du rachat des chrétiens. Sa gloire n'est pas seulement d'avoir compté plus de douze papes parmi ses membres, d'avoir vu en grand nombre des cardinaux, des patriarches, des archevêques, des évêques, des rois, des reines, des princes et des personnages de la plus haute distinction prendre place dans ses rangs et se faire un honneur de porter ses livrées, sa gloire la plus pure et la plus éclatante, c'est d'avoir ouvert dans l'Église une grande école de perfection et de vertus, et de lui avoir donné des saints; et parmi eux, dans ces derniers temps, la vénérable Anna-Maria Taïgi, qui est une de ses plus belles fleurs.

Cependant le père Angelo ayant quitté Rome, la Servante de Dieu s'était adressée pour les besoins de sa vie spirituelle au père Ferdinand de Saint-Louis, trinitaire d'une rare prudence, plein de science et de vertus, et directeur expérimenté dans la conduite des âmes. Il eut bientôt connu celle qui venait lui demander le secours de son ministère, il approuva son projet d'entrer dans le tiers-ordre, et de prendre l'habit dès que son mari lui aurait donné son consentement. La cérémonie eut lieu dans l'église de la Trinité, au Quirinal. « Votre vocation, disait le pape Innocent III à Jean de Matha et à Félix de Valois en recevant leur consécration, vous associe à la mission rédemptrice du Sauveur, et par conséquent aux humiliations et aux douleurs du Calvaire ; l'habit que je vous donne vous le rappellera sans cesse. Blanc, il vous dira la pureté de cœur et d'intention que vous devez toujours avoir ; azur, la pénitence et la mortification dans laquelle vous devez vivre ; rouge, que votre charité doit être ardente et votre dévouement sans bornes. »

Anna-Maria s'était préparée à sa prise d'habit par la prière et la pénitence ; et elle entra dès l'abord de toute son âme dans l'esprit de l'ordre auquel elle s'associait ; et elle y entra avec une ferveur qu'elle ne put contenir et qui surprit et émut la foule qui remplissait l'église. Ses sentiments furent si vifs et si profonds qu'ils s'échappèrent de son cœur en une effusion dont elle ne fut plus maîtresse. On voyait avec l'abondance de ses larmes son visage comme transfiguré par l'émotion qu'elle ressentait ; et dans toute l'assemblée on entendait les soupirs de sa piété et les élans de sa foi. Ce fut à un tel point, dit un des témoins du procès de sa béatification qui assistait à la cérémonie, que le père Ferdinand, son confesseur, s'approcha d'elle et lui dit de modérer sa ferveur (1). Anna-Maria marchait résolument vers le sacrifice dans l'esprit de pureté, de mortification et de charité recommandé par Innocent III, et sur l'autel de l'amour divin l'Holocauste commençait à être complet.

XII

La grâce et la liberté sont les deux grands mobiles de la vertu chrétienne et de tout bien surnaturel. Dieu, auteur de tout don parfait, répand ses grâces dans l'âme humaine ; et l'âme humaine répond à Dieu par le concours de sa volonté, et ces deux forces combinées ensemble, ces deux actions unies dans la lumière et dans l'amour, enfantent toutes ces grandes choses

(1) Le P. Jean de la Visitation, Trinitaire.

qui font, au milieu du monde, la gloire de Dieu et l'honneur de notre humanité.

Dieu avait répandu dans l'âme de sa Servante une de ces grâces de choix qui portent dans leur force une lumière qui ne doit plus s'éteindre. Anna-Maria comprit dès le premier instant toute la grandeur du don que le Seigneur lui faisait ; elle le reçut dans un cœur dilaté par la reconnaissance ; et, depuis ce moment, elle offre le spectacle consolant d'une de ces âmes, hélas ! si peu nombreuses, qui mettent résolûment leur liberté entière au service de Dieu et de son bon vouloir. Plus elle sentit que Dieu lui donnait, plus elle comprit qu'elle devait donner à Dieu ; et il s'établit alors entre Dieu et Anna-Maria une de ces secrètes ententes, une de ces intimes unions que rien ne brise plus. Qui brisera en effet ce que veulent ensemble la grâce et la liberté, et qui sera plus fort que le double nœud formé par la volonté divine et la volonté humaine ?

Le premier résultat de cette entente que Dieu avait préparée par ses lumières, et qu'Anna-Maria venait de cimenter par ses résolutions, fut de mettre sérieusement, comme nous venons de l'indiquer, la Servante de Dieu sur le chemin de l'abnégation et de la pénitence chrétienne.

Par une marche ascendante de Bethléem à Nazareth, et de Nazareth au Calvaire, le Sauveur a ouvert la carrière du salut et de la sainteté par la croix, le sacrifice et l'abnégation.

Anna-Maria entrait dans cette voie sans re- garder en arrière, elle marchait sur les pas du Sauveur avec une fidélité toujours courageuse et un amour qui ne se démentait pas. En effet, à peine revenue à Dieu, elle embrassa les rigueurs de la pénitence avec une ardeur telle, que son confesseur dut en modérer les excès.

Après avoir fait le sacrifice de toutes ses pa- rures, et avoir suspendu ses mondanités à la croix de Jésus comme le trophée de sa grâce et le signe de sa victoire, elle porta ses mortifica- tions sur les choses nécessaires à la vie. Le pain qu'elle mangea fut, comme celui du prophète, un pain mêlé de cendres et trempé dans les larmes ; et la nourriture devint pour la Servante de Dieu l'occasion continuelle de sacrifices volontaires. Elle se condamna à une abstinence tellement sévère que ce qu'elle mangeait était à peine suffi- sant pour soutenir ses forces ; souvent même, sans un secours spécial de Dieu, elle n'aurait pu continuer une pareille privation dans la vie la- borieuse que lui imposaient ses devoirs. — Le matin, au retour de l'église, elle prenait une petite tasse de café avec un peu de pain. — A dîner, quelques cuillerées de soupe et un petit morceau de bouilli, pas davantage ; elle avait l'habitude de ne point se mettre à table, elle se tenait debout pour servir les autres, et de cette manière il lui était plus facile de se priver de nourriture et de cacher ses abstinences. Le soir, elle se contentait de quelques feuilles de salade ; sur des repas si austères, elle trouvait encore le moyen de mettre de côté la petite part des pauvres ; son cœur généreux ne lui permettait pas de s'accorder quelque chose, sans penser aux autres. — Les jours de jeûne, elle ne prenait à midi que sa soupe et le matin que quelques gouttes de café ; « J'ai observé, dit son mari, qu'elle se mortifiait sur la nourriture le vendredi, plus que les autres jours, elle qui d'habitude mangeait comme une sauterelle : elle faisait la même chose le samedi, parce qu'elle était très dévote à Notre-Dame. »

Elle se mortifiait aussi sur la qualité, en choisissant pour sa part ce qu'il y a de plus mauvais, et donnant toujours ce qu'il y avait de meilleur à son mari et à ses enfants. Domenico, qui servait à table chez le prince Chigi, apportait assez souvent, avec la permission de ses maîtres, des restes qui flattaient le goût et l'appétit, et où la gourmandise pouvait encore trouver à se satisfaire. Anna-Maria n'en goûtait jamais ; et si quelquefois elle acceptait une portion par complaisance, elle avait soin de la mettre de côté, et d'attendre deux ou trois jours jusqu'à ce qu'elle eût perdu tout ce qui pouvait la rendre agréable ; de cette manière, ce qui aurait pu être un appât pour la sensualité, devenait un sujet de mortification. « Ma mère, dit sa fille, avait l'habitude de garder de la viande, qu'elle mangeait après deux ou trois jours, malgré ce que nous disions que cette viande ne valait plus rien, qu'elle avait de l'odeur et commençait à se corrompre. »

Un autre témoin dit la même chose ; il ajoute : « Je l'ai vue prendre la morue gâtée ; la mâcher avec les arêtes, et la donner ensuite aux animaux, quand elle avait vaincu les répugnances de la nature. Dans l'usage de la nourriture, dit le cardinal Bona, il est très difficile de ne pas dépasser la mesure de la nécessité. Anna-Maria ne la dépassa jamais ; elle se tint même en deçà de ses limites, et elle porta si loin la guerre au sens du goût qu'elle le perdit peu à peu (1). »

XIII

La souffrance de la soif est plus grande, dit-on, que celle de la faim, et la privation du boire est plus pénible à supporter que celle du manger. — Anna-Maria, avec un tempérament extrêmement vif et chaud, éprouvait continuellement le besoin de boire. Afin de se mortifier, elle ne bu-

(1) *Informalio sup. dub.* et tous les documents, passim.

vait qu'à ses repas, quelle que fût d'ailleurs l'ardeur de sa soif ; à peine avait-elle pris quelques gouttes d'eau qu'elle s'arrêtait, pour ne pas se satisfaire ; et, pour assujettir l'empressement de la nature, elle servait ses enfants, s'occupait des autres et n'achevait de boire qu'après avoir plusieurs fois triomphé. L'eau était sa boisson ordinaire ; quand elle y mêlait un peu de vin, c'était en si petite quantité, que c'était à peine une eau colorée ; elle disait que cette boisson était plus salutaire à sa santé. — Souvent même elle passait plusieurs jours sans prendre une goutte d'eau ; et quoique, dans les grandes chaleurs de l'été en particulier, elle fût quelquefois vivement tourmentée de la soif, elle passait cependant des semaines entières sans prendre aucune boisson, offrant à la justice divine, pour les péchés des hommes, cette héroïque privation. — Une si longue abstinence allumait dans son corps un feu tel qu'elle se serait volontiers jetée, elle le disait elle-même, dans une fontaine ; et alors, pour ajouter peine sur peine et victoire sur victoire, elle prenait son verre et l'approchait à peine de ses lèvres, comme pour exciter encore les ardeurs de la soif par ce léger soulagement. Elle pratiquait de cette manière une des maximes qu'elle aimait à répéter souvent : *Celui qui veut aimer Dieu doit se mortifier en toutes choses et de toutes manières, et plus notre bête* (notre corps) *est avide, plus il faut lui tenir la bride.*

Malgré son adresse à cacher ses abstinences, elle ne put empêcher tout à fait que sa famille n'en aperçût quelque chose ; quand son mari voyait qu'elle cherchait à tromper sa soif, il la réprimandait : « Que fais-tu donc, lui disait-il, tu t'amuses avec ton verre, pourquoi ne bois-tu pas ? bois tout de suite ! » Alors elle se mettait à sourire et obéissait à son mari. La plus jeune de mes filles, continue Domenico, faisant attention que sa mère ne buvait pas, m'avertissait quelquefois ; et alors, aussitôt, je lui donnais à boire. Pour empêcher que ma fille ne me fît de semblables remarques, elle la prit à part et lui dit : « Ce n'est pas bien, mon enfant, de regarder à table qui mange et qui ne mange pas, qui boit et qui ne boit pas : il faut vous corriger de cette habitude. »

Anna Maria était naturellement portée à la gourmandise, et son mari, sachant qu'elle aimait beaucoup les sucreries, lui en apportait de temps à autre, et quelquefois même, dans les grandes chaleurs de l'été, des glaces et des sorbets. Anna-Maria, toujours gracieuse et reconnaissante quand on pensait à elle, remerciait son mari, acceptait ce qu'il lui offrait, et, après l'avoir un peu goûté, elle le donnait aux enfants. Elle portait les glaces à la bouche et aussitôt, les rejetant avec une espèce de vivacité, elle disait : Oh! comme c'est froid; alors son mari levait les épaules et, ne comprenant pas la conduite de sa femme : « Que tu es donc idiote, lui disait-il, tu n'entends rien à rien. » — Elle, au contraire, se privait avec bonheur de toutes les boissons agréables, et elle recherchait avec empressement celles qui répugnent à la nature ; et plus sa sensualité était mortifiée, plus elle était contente.

D'après ce que nous venons de dire, on ne trouvera pas étonnant qu'elle observât avec rigidité les abstinences prescrites par l'Église ; mais ce qui l'est davantage, c'est qu'aux jeûnes recommandés, elle eut le courage d'en ajouter d'autres en grand nombre; et qu'elle continua à les pratiquer, lors même que ses forces étaient épuisées par la maladie. Elle jeûnait ordinairement le mercredi en l'honneur de saint Joseph, le vendredi en l'honneur de la passion de Notre-Seigneur, et le samedi en l'honneur de la sainte Vierge. Ensuite elle faisait souvent des quarantaines de jeûnes et d'abstinences, lorsqu'elle voulait obtenir de Dieu quelque grâce particulière ; quand elle jeûnait, elle ne buvait que de l'eau, et ne prenait qu'un peu de soupe, de sorte qu'on peut le dire, sa vie était un jeûne et une abstinence continuels (1).

(1) *Informatio sup. dub.* et tous les documents, passim.

Mais si la Servante de Dieu se montrait si attentive à mortifier le sens du goût et les attraits de la gourmandise, elle étendait aussi sa vigilance sur tous les autres sens de son corps : elle gardait ses yeux, ses oreilles, sa langue avec une retenue religieuse, qui ne se permettait jamais le plus léger écart ; sa vue, toujours baissée, laissait sur son visage ce voile de modestie, qui semble n'appartenir qu'à la virginité ; « de sorte que, malgré sa vivacité, dit son mari dans sa déposition, elle ne jetait jamais ses regards sur un homme et ne connaissait que moi, son mari. — Sa tenue tout entière était si convenable, qu'au milieu même des plus rudes travaux du ménage, elle était aussi modestement vêtue que si elle eût dû se montrer en public. »

Son corps, tourmenté de tant de manières, avait besoin de repos et de sommeil ; Anna-Maria ne s'accordait encore ici que le plus strict nécessaire ; pour ne manquer à aucun des devoirs de son état, et pour que rien dans la maison ne souffrît de ses pratiques de dévotion, elle donnait à la prière les heures du jour et de la nuit que les autres donnaient au sommeil. Lorsque le reste de la famille, selon l'usage d'Italie, prenait, surtout pendant l'été, son repos après le dîner, la servante de Dieu profitait de ce moment pour lire et pour méditer. « Pendant la nuit, ma mère, dit une de ses filles, ne dormait presque pas, elle avait l'habitude de veiller pour faire oraison ; et comme mon père rentrait chez nous bien avant dans la nuit, vers deux heures ou trois heures du matin, dès que ma mère l'entendait venir, elle se mettait au lit pour éviter d'être grondée, comme cela aurait eu lieu, s'il l'eût encore trouvée sur pied. » — De son côté son mari ajoute : « Bien des fois, en venant de mon service de la maison des Chigi, vers trois heures du matin, je l'ai trouvée en prières devant la bonne mère. » — Une autre de ses filles assure que sa mère se levait ordinairement avant le jour pour aller à l'église et ne dormait habituellement que deux heures.

Ajoutons à ces détails les châtiments qu'elle exerçait sur elle-même par les cilices, les disciplines, les chaînes de fer, les couronnes d'épines et autres tourments volontaires qu'elle s'imposait pour ses péchés et pour ceux des autres. Au commencement de son retour en particulier, elle fut saisie d'une telle horreur du péché qu'elle se frappait avec force la face contre terre, à tel point que le sang sortait de sa bouche avec abondance, mêlant ainsi des ruisseaux de sang à des torrents de larmes. — Son confesseur fut obligé de mettre des bornes aux excès de sa ferveur et de contenir son zèle dans la pratique des pèlerinages, qu'elle faisait nu-

pieds, et dans l'usage des mortifications corporelles (1).

XIII (*suite*).

Il ne faudrait pas croire que la vie pénitente
d'Anna-Maria fût simplement l'effet d'une nature ardente qui avait porté ses enthousiasmes
sur le terrain religieux ; ce serait assurément
une étrange erreur. Sa pénitence reposait sur
les sentiments et les convictions de son âme ;
elle traduisait au dehors la situation de son esprit, et elle était comme le signe sensible de ce
courage intime et vigoureux qu'elle déployait à
se vaincre elle-même. La mortification intérieure qu'elle exerçait sur les puissances de son
âme, répondait à celle qu'elle pratiquait sur les
sens de son corps ; et, quoique moins effrayante
en apparence, elle demandait plus d'énergie,
exigeait plus de constance et supposait plus de
vertus. En effet, la mortification intérieure visite
tous les replis du cœur, elle sonde toutes les
pensées de l'esprit, veille sur les impressions de
l'imagination et de la sensibilité, et porte dans
les profondeurs de la vie et dans ses mouve-

(1) Tous les documents.

3.

ments les plus inaperçus le feu qui brûle et qui purifie. Qu'ils sont rares ceux qui lui ouvrent le sanctuaire de leur âme, et lui permettent d'y régner en souveraine !... — Anna-Maria lui avait fait dans son cœur un trône dont elle ne descendit jamais ; « elle avait fait avec sa volonté le pacte de ne se donner aucune satisfaction naturelle, de ne se permettre aucune complaisance, non seulement dans ce qui est défendu ou qui peut être dangereux, mais dans ce qui est permis, et même dans ce qui est innocent. Son application à contrarier en toutes choses sa propre volonté était continuelle. *Pour acquérir l'amour de Dieu*, disait-elle, *il faut toujours ramer contre le courant, et ne cesser en toutes choses de contrarier sa volonté propre.* C'était la maxime qui réglait constamment sa conduite ; et, par ce moyen, elle était arrivée à tenir enchaînées toutes les mauvaises inclinations de la nature ; elle avait soumis à l'empire de la raison et de la foi ses désirs et ses goûts, aussi bien que ses craintes et ses répugnances ; de sorte qu'elle dirigeait tous ses mouvements intérieurs par des motifs surnaturels (1). »

« A l'égard des personnes pour lesquelles elle ressentait de ces sympathies parfaitement innocentes qui n'ont pas d'autre mobile que la gloire

(1) *Informatio sup. dub.*

de Dieu, elle modérait sa satisfaction par une grande réserve. S'il s'agissait, au contraire, des gens pour lesquels elle ressentait quelque antipathie, ou qui l'avaient censurée et offensée de quelque manière, elle les traitait avec cordialité et affection, dans les limites de la modestie et de la prudence ; c'est ainsi qu'elle savait tempérer l'amour-propre, le mortifier et le soumettre à la raison ; c'est ce qui est l'apogée de la perfection et une pénitence méritoire du genre le plus élevé (1). »

Évidemment, pour arriver à ce résultat, il fallait bien des luttes, un bien grand courage, de généreux sacrifices ; surtout si l'on considère le caractère d'Anna-Maria, si impétueux et si sensible, sa nature si ardente et si vive ; sa position au milieu d'une nombreuse famille, et tant de divers sujets de peine, de soucis, de difficultés et de travaux ; et cependant elle était tellement élevée dans la vertu de pénitence, et tellement morte à elle-même, qu'elle avait brisé dans son cœur les forces de la résistance, et si bien réprimé ses passions, qu'à part l'amour de Dieu et la haine du péché, on eût dit qu'il ne lui restait plus ni amour, ni haine, ni inclination, ni répugnance. Les choses de la terre n'avaient aucune prise sur elle : elle les regardait avec

____

(1) Relation du confesseur.

une indifférence qui allait jusqu'à l'insensibilité ; et quelles que fussent les vicissitudes des événements humains, et les contrariétés de la vie, elle demeurait dans une tranquillité inaltérable. L'empire qu'elle exerçait sur elle-même l'avait assise dans une paix que rien ne pouvait troubler, et lui avait donné une joie intérieure qui se répandait sur son visage par une douce sérénité, et dans sa conversation par une expansion toujours aimable. — Cette paix était le fruit de ses victoires ; mais que d'épreuves, que de larmes, que de souffrances ne lui avait-elle pas coûté !

Enfin, pour montrer jusqu'à quel degré elle poussait l'exercice et le désir de la mortification intérieure, et jusqu'où allait son esprit de pénitence, qu'il suffise d'ajouter qu'elle le portait jusque dans les choses spirituelles. Lorsque son âme se trouvait plongée dans les délices, surtout après la sainte communion, alors elle abrégeait son action de grâces, et se contentait d'entendre une seconde messe, afin d'éviter la satisfaction spirituelle et de briser sa nature : était-elle au contraire dans l'ennui, le dégoût, la sécheresse, Dieu permettait-il au démon de la tourmenter, alors, pour se vaincre, elle se livrait à ses angoisses intérieures et se plaisait à prolonger sa prière et son tourment. Cet exercice de souffrance lui coûtait, dit son confesseur, des

efforts extraordinaires et des sueurs accablantes.
Dieu agréait tellement cette abnégation qu'il la
récompensait par une abondance toujours crois-
sante de faveurs et de dons célestes.

C'est ainsi que, fidèle à la grâce, Anna-Maria
franchit en peu de temps les trois degrés de la
pénitence chrétienne et se plaça immédiatement
dans la voie héroïque.

Le premier degré consiste dans la réparation
des fautes et des péchés, et dans le retranche-
ment de tout ce qui est un obstacle sérieux au
devoir, une occasion facile de chutes et de
fautes nouvelles. Ce premier degré dépouille le
cœur des affections désordonnées qui l'attachent
au péché mortel, et l'entoure d'une garde de sûreté contre les attaques du mal et les surprises
de ses ennemis ; c'est de ce degré qu'il est
écrit : « Si vous ne faites pénitence, vous péri-
rez tous. » D'après ce que nous venons de dire,
le lecteur comprend assez que la vénérable servante de Dieu ne fit que passer par ce noviciat de
la pénitence.

Le second degré est plus étendu et entre plus
avant dans les diverses situations de l'âme humaine. Il consiste à accepter non seulement
sans murmure et sans plainte, mais avec une
résignation humble et soumise, les sacrifices
que Dieu, dans les desseins adorables de sa
Providence, envoie de sa propre main ou bien

fait arriver par la main des hommes, par le concours des choses ou des événements de la vie. Si l'âme veut être fidèle, ce degré la pousse d'une vertu ordinaire à une vertu qui peut s'élever sans bruit et sans éclat, par une ascension lente et progressive, jusqu'au sommet de la perfection. La suite de cette histoire montrera que, fidèle à la grâce, Anna-Maria gravit les hauteurs les plus élevées de ce second degré et qu'elle y bâtit pour toujours sa demeure.

Le troisième degré enfin est celui des héros, de ceux qui, ayant franchi les deux autres, veulent aller plus avant dans le courage et sont désireux de se signaler au service de Dieu. Ce degré ajoute aux deux précédents la générosité qui marche au-devant des épreuves, les saints désirs qui cherchent la souffrance ; il nourrit ces élans qui portent l'âme tout entière sur le Calvaire, ces aspirations qui la clouent à la croix, et lui imposent, soit au dedans, soit au dehors, les saintes blessures de Jésus et les sacrés stigmates de sa passion.

Dieu aime d'un amour tendre les âmes qui marchent par ce troisième degré, il écoute avec plaisir leurs vœux, se rend avec complaisance à leurs pieux désirs ; et alors il se fait entre la grâce divine et la liberté humaine, sur l'autel de la conscience, une de ces luttes d'amour, un de ces spectacles d'immolation dont, seules, les annales de la sainteté chrétienne ont connu les secrets et ont gardé les gloires.

L'histoire classera sans difficulté parmi les héros de ce troisième degré la vénérable Servante de Dieu, dont nous racontons la vie. Elle la mettra au nombre de ces illustres imitateurs de Jésus qui ont entendu et compris cette parole de l'Évangile : « Que celui qui veut venir après moi, se renonce lui-même, porte chaque jour sa croix et me suive; » et elle dira à ces chrétiens généreux qui, vivant dans le monde au milieu des soins et des soucis de la famille, veulent cependant travailler sérieusement à leur salut : voyez, et faites comme cette humble femme, comme faisait cette pieuse mère de famille.

XIV

Avec la pratique de la pénitence, la grâce et la bonne volonté font toujours marcher la prière; la prière est en effet un des exercices de la vie chrétienne le plus souvent recommandé par l'Évangile; elle est aussi au moment d'un retour à Dieu un des besoins sérieux de l'âme et un de ses plus doux attraits.

Après s'être armée de la pénitence, Anna-Maria priait; et la prière était le cri continuel de son cœur vers la miséricorde de Dieu ; elle était l'expression vraie, sentie des besoins de son âme, le désir de combler ce vide que les années de ses légèretés insouciantes avaient creusé si profond, elle avait si bien connu sa faiblesse et sa fragilité, elle avait tellement mesuré la grandeur des dangers qu'elle aurait pu courir, que cette vue la faisait tressaillir de crainte, et il lui semblait que ses penchants pourraient facilement renaître et l'entraîner de nouveau. Cette secrète frayeur la rejetait tout entière vers son Sauveur ; elle priait, elle suppliait avec larmes, elle demandait avec effusion la force et le courage, et tenait sans cesse les yeux et le cœur élevés vers la sainte montagne d'où vient le secours de Dieu. Comme un enfant, pour trouver son refuge, se cache sur le sein et dans les bras de sa mère ; elle s'abîmait avec une filiale confiance dans les miséricordes de son Dieu, elle cherchait à le saisir de toutes les puissances de son âme ; et Dieu, qui, selon le mot de saint Augustin, a soif que nous ayons soif de lui, *sitit sitiri Deus*, répondait à celle qui le cherchait avec un empressement si humble et une crainte si confiante.

Au moment de son retour, Dieu lui avait donné ce goût de la prière ; Anna-Maria, reconnaissante, le cultivait comme un germe sacré. Pour récompenser sa fidélité, Dieu lui en fit un don particulier et il répandit dans son âme l'esprit de prière. Sous son impulsion, la prière s'échappait de son cœur en flots incessants et non interrompus ; elle devenait comme la respiration de sa vie intime ; elle s'en nourrissait, comme la plante se nourrit de la rosée du matin. Cet esprit de prière joint à l'esprit de pénitence ouvrit bientôt à la servante de Dieu les horizons mystérieux de la vie surnaturelle. En peu de temps, Anna-Maria avait mis le pied sur la terre qni est la patrie des forts, des grands courages et des vertus héroïques.

« Il y a plusieurs demeures, a dit le Sauveur, dans la maison de mon Père. » La vie surnaturelle est la région des demeures élevées. C'est dans ces demeures que le céleste époux répand ses faveurs singulières, qu'il se montre comme à découvert, et que pour unir les âmes à la vie mystique, il les fait passer par la lumière et l'obscurité, par les tendresses et les délaissements, par le Thabor et par le Calvaire. C'est là que, maître absolu de sa créature, il travaille, il refait, il épure, il transfigure. Anna-Maria était arrivée à ces demeures élevées, dès les premiers jours. Dieu qui l'appelait à une haute sainteté lui en avait montré le chemin. C'était une de ces âmes généreuses qui ne savent plus reculer, quand elles ont vu la lumière ; son esprit droit et son cœur ardent ne lui permettaient pas de rester incertaine et lâche devant le sacrifice.

La vie surnaturelle n'est au fond qu'une vie de sacrifice, parce qu'elle est la destruction lente, progressive, mais totale de la nature viciée par le péché. Dieu lui demandait cette destruction, elle devait préparer ses voies et faire à sa grâce le chemin dans les profondeurs de son âme. Attentive et fidèle, Anna-Maria en visita tous les replis, en balaya les moindres souillures, n'y supporta pas la plus légère tache et l'ouvrit tout entière à la céleste lumière. A l'appel de son Dieu, de son Maître, elle prit son essor, et semblable à ces astres secondaires qu'un astre-roi attire, et qui reçoivent de lui leurs mouvements et leur clarté, elle se tourna vers le soleil de justice ; et désormais jusqu'à l'heure de son repos sur les rivages de la patrie, elle reçut de l'Astre-Roi toute la règle de sa conduite et toute la direction de sa vie.

Débarrassée des puériles séductions qui avaient étouffé les vrais et supérieurs élans de sa noble et ardente nature, Anna-Maria se trouvait en présence de son Dieu dans toute la liberté de son esprit et de son cœur. Qui pouvait alors retenir les ardeurs et les transports de son âme généreuse? Ce Dieu qu'elle avait presque oublié dans les années de ses légèretés lui apparaissait dans tout l'éclat de ses grandeurs, dans toute l'autorité de ses droits, dans tout le charme de sa bonté; elle l'avait si peu connu, si peu aimé, si mal servi, sa miséricorde envers elle avait été si clémente, en fallait-il davantage pour l'exciter à réparer ses oublis passés par la ferveur, par la générosité de sa confiance! L'enthousiasme qu'elle avait mis dans la recherche de ses vanités de jeune fille, elle le porta de toute son ardeur au service de Dieu, et là où les âmes ordinaires se traînent avec peine, elle courait; là où les âmes généreuses marchent, elle volait, et elle arrivait en peu de temps à cet état du chrétien parfait que l'auteur de l'*Imitation* a dépeint dans cette phrase: « Il est debout sur les choses présentes, la regard attaché aux choses éternelles. » Marchant d'un pas ferme et assuré sur tout ce qui passe, l'esprit et le cœur toujours fixés vers la patrie, sans autre désir que la grâce, sans autre espérance que Dieu, sans autre souci que sa gloire, Anna-Maria, sur les ailes de la prière et de la pénitence, s'élevait à la plus haute contemplation des choses divines. Cependant ses actions étaient bien communes, ses occupations tout-à-fait ordinaires, et son travail, le travail de toutes ces mères dont les familles forment, dans les villes et dans les hameaux, la grande tribu des déshérités de la terre. Anna-Maria était dans son ménage tout à ses devoirs, à ses affaires, à ses enfants; mais, comme l'ange qui accompagna le jeune Tobie, en même temps qu'elle conversait avec les hommes, elle ne perdait jamais de vue la présence de son bien-aimé. Dans les secrètes aspirations de sa vie du dedans, elle avait acquis cette seconde puissance qui permet à l'homme d'être au dehors sans sortir de soi, et d'être à soi pour être tout à Dieu : cette puissance qui double et multiplie, on le dirait, nos sens et nos facultés, et donne au regard, qui voit la surface et l'écorce des choses, ce rayon pénétrant qui les voit en Dieu comme dans leur source et leur principe; et qui, saisissant l'âme tout entière, la soulève au-dessus des flots mouvants de cette vie passagère et la fixe par avance dans le sein de Dieu.

LIVRE II

I

La vie surnaturelle consiste surtout dans la pratique constante et élevée des trois vertus Théologales. Anna-Maria pratiqua ces vertus et avec elles toutes les autres avec une perfection peu commune.

« La foi brilla en la Servante de Dieu avec tant d'éclat et de force, que l'on peut dire sans crainte qu'elle fut une de ces âmes justes qui vivent de cette vertu. En effet, sa foi régna en souveraine dans son cœur; elle la conserva, l'alimenta et la défendit avec une incomparable vigilance. Elle désirait ardemment que le monde entier l'embrassât, la confessât et lui rendît témoignage en pratiquant les œuvres qu'elle prescrit. Cette foi éminente et héroïque se montra surtout avec éclat dans la vie laborieuse et pénitente qu'elle s'imposa, malgré les résistances et les combats de la pauvre humanité. Ainsi, dès qu'elle sentit l'appel spécial du Seigneur, elle renonça à tous les plaisirs, même aux satisfactions les plus simples et les plus innocentes; elle crucifia son corps par des souffrances et des macérations continuelles, et son esprit par l'abnégation complète de sa propre volonté jusqu'à son dernier jour.

» Outre les actes de foi qu'elle faisait dans ses prières quotidiennes et dans la fréquentation des sacrements, avec une piété si extraordinaire, elle témoignait une profonde horreur de toute maxime qui pouvait blesser en quoi que ce fût la sainte doctrine de l'Église ; elle ne supportait pas qu'on proférât en sa présence des paroles contraires à ses enseignements, ou même qu'on nommât sans respect les saints noms de Jésus et de Marie. Si elle n'avait pas d'autorité pour corriger ceux qui s'oubliaient ainsi, elle priait pour leur conversion, demandait pardon à Dieu, et s'empressait

de réparer l'offense de sa divine majesté par de
ferventes oraisons jaculatoires. Elle aurait volontiers versé son sang, pour soutenir chacun des
articles de notre sainte croyance.

» La Servante de Dieu exerça encore sa foi
d'une manière héroïque en conservant constamment et en toutes choses la sainte présence de
Dieu ; elle joignait à ce pieux exercice la conformité de sa volonté à celle du Ciel, et la soumission à un degré sublime et héroïque à toutes les
dispositions de la Providence sur toute sa vie,
quelque pénibles qu'elles fussent.

» Le souvenir de la précieuse grâce de son
baptême la tenait comme dans une perpétuelle
action de grâces ; cet insigne bienfait de l'amour
de son Dieu excitait les transports de son cœur ;
de là venait la joie toute sainte qui remplissait
son âme lorsqu'elle apprenait le retour des hérétiques à la vraie foi et la conversion des Juifs et
des infidèles. Elle eut aussi une très grande
estime et un très profond respect pour tous les
autres sacrements ; elle recevait celui de la Pénitence avec les sentiments d'une componction parfaite. Dans les instructions qu'elle donnait aux
membres de sa famille et aux personnes qui fréquentaient sa maison, elle recommandait la confession fréquente. Elle aurait désiré ne jamais
communier sans se confesser, surtout dans les
derniers temps de sa vie ; mais, connaissant la

délicatesse de sa conscience, je lui ordonnai de communier tous les jours et de se confesser toutes les semaines. Au jour fixé pour la confession, elle se levait de grand matin, quelque temps qu'il fît, afin de mettre en ordre son petit ménage ; puis elle venait dans notre église de Notre-Dame de la Victoire ; c'est ce qu'elle a fait pendant bien des années, tant que sa santé le lui a permis. Elle recommandait la confession fréquente à son mari avec une affabilité toute bienveillante ; mais à ses enfants, elle la leur imposait au nom de son autorité maternelle, et le plus souvent elle les accompagnait elle-même. Pour peu que quelqu'un de la maison fût gravement malade, elle le disposait aussitôt au sacrement de Pénitence, parce qu'elle voulait qu'on le reçût en pleine connaissance avant que le mal eût fait des progrès ; elle était industrieuse pour amener à cette pratique consolante les malades qu'elle allait visiter ; elle savait leur persuader de se réconcilier avec Dieu (1) ».

« Au commencement de sa conversion, elle eut pour confesseur le père Angelo des Servites ; ensuite, trois autres ; enfin, en dernier lieu, le soussigné révérend père Philippe-Louis Nicolas, Carme-Déchaussé, à Notre-Dame de la Victoire. Elle s'est confessée à lui environ trente ans, et

____

(1) Relation du confesseur.

même davantage, jusqu'à sa mort. Ces changements de confesseur ne furent pas dictés par le caprice ou la désobéissance à leurs ordres ; elle se régla d'après la volonté de Dieu, manifestée par des lumières surnaturelles dont elle fit part à ses confesseurs et qu'ils ratifièrent. Elle dut aussi se soumettre quelquefois à des exigences imposées pour l'accomplissement de ses devoirs domestiques. Le respect qu'elle portait au ministre de Dieu, quel qu'il fût, était tellement basé sur la foi, qu'elle ne l'aurait jamais contredit et encore moins quitté, alors même qu'elle eût trouvé un saint qui lui aurait procuré les plus grandes satisfactions spirituelles.

» Afin de garder la conformité à la volonté de Dieu, elle ne faisait rien pour éloigner les croix, les souffrances et les tribulations que la Providence lui envoyait : elle s'exerçait à la patience, en attendant que le Seigneur, qui avait mis le fardeau sur ses épaules, daignât le lui ôter ou en alléger le poids.

» Respectueuse par éducation et par humilité, mais en même temps franche et loyale, lorsqu'il s'agissait de dire la vérité pour la gloire de Dieu et le bien du prochain, elle ne connut jamais ni la dissimulation, ni le mensonge, ni l'adulation vis-à-vis des grands ; elle ne pouvait souffrir les moyens termes, les prétextes et les flatteries. *Celui qui sert Dieu*, disait-elle, *doit être res-*

pectueux et humble, mais franc et simple en même temps. Ses lettres à la duchesse de Lucques prouvent à l'évidence ce que nous avançons. Un cardinal qui désirait la voir et la faire connaître à sa sœur, lui fit dire de prier, et de lui faire part ensuite des lumières qu'elle recevrait. La Servante de Dieu écrivit au cardinal de dire à sa sœur qu'en attendant elle méditât ces trois points : *Ce qu'elle a été, ce qu'elle est, ce qu'elle sera bientôt,* et qu'elle se préparât à la mort... Ce qui eut lieu en effet peu après, comme elle l'avait annoncé... (1). »

II

La foi vive de la Servante de Dieu donna naissance à toutes ses autres vertus ; c'est pourquoi l'espérance fut en elle tellement éminente, qu'on peut sans le moindre doute y reconnaître le caractère de l'héroïsme le plus admirable.

« Quoique toute sa vie n'ait été qu'un exercice continuel d'œuvres de piété, elle ne fondait cependant l'espérance de son salut éternel que sur les mérites de Notre-Seigneur Jésus-Christ et sur l'intercession de la sainte Vierge et de ses saints

______

(1) Relation du confesseur et du cardinal Pédicini.

protecteurs. Quant à elle, elle se jugeait indigne de toute grâce, et, dans le sentiment de son indignité, elle s'écriait souvent : j'ai péché, ayez pitié de moi ; *peccavi, Domine, miserere mei.* Les fautes de sa vie réveillaient dans son âme les souvenirs les plus amers ; elle s'efforçait de les expier par toutes sortes de pénitences, par les souffrances de la pauvreté et par les nombreuses croix que le Seigneur lui envoyait. L'espérance avait tourné tous ses désirs et toutes ses aspirations vers la bienheureuse patrie, et lui avait inspiré un mépris profond et souverain des biens passagers de la terre. Au milieu des douleurs corporelles et spirituelles qui faisaient de sa vie un long martyre, l'espérance chrétienne animait son courage et soutenait sa générosité ; elle désirait ardemment de voir arriver le terme de son pèlerinage pour s'unir à Dieu irrévocablement, et quitter cette triste vallée de larmes, si pleine de dangers pour le salut. L'espérance la fortifia aussi dans la pauvreté, et le désir ardent des biens célestes lui fit refuser constamment (nous le dirons plus tard) les secours pécuniaires qui auraient pu lui procurer de l'aisance ».

« Tout son appui était en Dieu ; le soir, dans son petit oratoire, elle demandait dans une prière particulière les secours spirituels et temporels pour ses besoins et les besoins des siens ; et sa confiance filiale la portait à s'adresser avec affection au divin cœur de Jésus. Elle ne savait espérer qu'en ses bontés, et elle aimait à répéter ce que son céleste époux lui avait dit plusieurs fois : « *L'homme n'est qu'une girouette, Dieu seul est stable* ». Le divin Sauveur ne trompa jamais son filial abandon et, tout en mettant sa Servante à de longues et douloureuses épreuves, il fut pour elle le plus affectueux des pères, le plus tendre des époux, l'ami le plus fidèle, le frère le plus dévoué, le trésor de la vie et de l'éternité, en un mot son tout en toutes choses.

« C'était une chose admirable de voir cette humble femme entreprendre les affaires les plus délicates, soit spirituelles, soit temporelles, soit privées, soit publiques, et se réjouir et s'animer avec d'autant plus d'ardeur par la vivacité de sa confiance, qu'elles paraissaient plus désespérées. Son principe était, que lorsque l'homme a fait tout ce qu'il peut, c'est à Dieu à faire le reste. Ainsi elle savait mêler à la fermeté de son espérance une crainte salutaire, et surtout la coopération des bonnes œuvres ; de sorte qu'elle avait souvent à la bouche les paroles que voici : *Je n'ai jamais espéré dans les créatures, j'ai toujours espéré en Dieu, et j'ai la ferme confiance qu'il m'aidera dans l'avenir, comme il a toujours fait dans le passé.*

» Dans les violentes tempêtes qui ont agité sa vie, elle a traversé son exil appuyée sur l'espérance comme sur l'ancre du salut. S'abandonnant toujours et pour toutes choses, pour le temps et pour l'éternité, sur les miséricordes de son Dieu... (1). »

III

Si la foi fut sublime dans la Servante du Seigneur, si son espérance fut ferme et inébranlable, sa charité brilla d'un éclat tout particulier.

« En effet, si, d'après saint Thomas, la perfection de la vie spirituelle se mesure sur la charité, il est facile de comprendre, d'après les témoins de son procès, jusqu'à quel point s'éleva, dans la Servante de Dieu, sa vie parfaite et sa parfaite charité. Il semble, dit le cinquième témoin, qu'on peut dire que l'amour de Dieu était sa vertu principale et comme sa vertu caractéristique. La charité s'élevait dans le cœur de la Servante de Dieu, dit Luigi Antonini, comme une flamme tellement brûlante, qu'on eût dit que son cœur était un volcan. *Cosi accesa che sembrava un Vesuvio.* Elle aimait Dieu de tout son cœur, de toute son âme, de toutes ses forces ;

____

(1) Relation du confesseur.

ses paroles, ses désirs, ses pensées, étaient toutes à son céleste époux, de sorte qu'elle réalisait ce mot du cardinal Bona, l'homme soupire toujours après celui qu'il aime ; il pense toujours à lui et il parle de lui sans cesse. Quand elle le pouvait, elle ne supportait pas d'autres entretiens ; et, si les circonstances, les bienséances ou la nécessité l'obligeaient à s'occuper d'autres choses, elle était habile à glisser dans le discours quelques paroles spirituelles qui la ramenaient à son sujet favori. J'ai observé, dit son gendre, pendant tout le temps que j'ai vécu avec elle, vingt ans environ, qu'elle ne savait parler que de Dieu et des choses de Dieu ; et je l'ai toujours trouvée éloignée des conversations qui se rapportaient aux choses de ce monde. Aussi, lorsqu'elle pouvait donner un libre cours à la conversation, et qu'il lui était permis de parler à l'aise selon l'abondance de son cœur, on la voyait toute heureuse et toute ravie ; à peine avait-elle ouvert la bouche sur les bontés infinies de Dieu, à peine avait-elle prononcé le saint nom de Jésus, son béni Sauveur, qu'aussitôt le feu intérieur qui la consumait se révélait sur les traits de son visage, elle paraissait toute embrasée et comme transportée d'une sainte ivresse.

Cet amour lui avait inspiré pour l'offense de Dieu une telle horreur, qu'elle ne connaissait d'autre mal sur la terre que le péché ; elle protestait continuellement qu'elle aimerait mieux souffrir la mort que de commettre une faute ; car, plutôt que de déplaire à Notre-Seigneur, elle eût préféré d'être exposée publiquement sur un gibet, et y souffrir tous les tourments imaginables et toutes les injures et ignominies possibles, avant de commettre un seul péché véniel ; de sorte que la seule pensée, non pas d'une faute mortelle, mais de la faute la plus légère la faisait trembler.

« Si la charité tenait éloignée la Servante de Dieu de tout ce qui pouvait avoir l'ombre du mal, elle la portait, d'un autre côté, avec une ardeur infatigable vers les choses de Dieu, et surtout vers les mystères de notre sainte religion (1). Ici son âme était à l'aise, elle pouvait développer sans entraves les élans de sa généreuse nature et de son cœur aimant ».

IV

Ce qui prouve qu'Anna-Maria s'était élevée de bonne heure dans les hauteurs de la vie surnaturelle, c'est la dévotion qu'elle eut, dès les premiers temps de sa conversion, pour le mystère

(1) *Informatio sup. dub.*

de la Sainte-Trinité. Assurément ce grand et profond mystère mérite l'adoration, le respect, le culte de tous les chrétiens, parce qu'il est le premier de tous les mystères, la source et le terme de tous les autres ; cependant l'expérience apprend que la plupart même des personnes pieuses arrivent peu jusqu'à ces hauteurs. Le culte de ce mystère est réservé aux âmes peu communes, à celles auxquelles le courage et la générosité permettent de monter assez haut pour regarder en face, à travers les ombres de la foi, les augustes profondeurs de l'unité de notre Dieu dans la sainte Trinité des personnes. Anna-Maria descendait et montait tour-à-tour, nous l'avons dit, des sublimités de la contemplation à la simplicité des pratiques.

Écoutons un des témoins de son procès. « Anna-Maria honorait et vénérait particulièrement le mystère de la Sainte-Trinité, elle rendait des hommages particuliers à chacune des personnes divines. Elle offrait au Père céleste le précieux sang de son divin Fils pour le remercier de la création et de ses autres bienfaits, elle l'offrait surtout pour la conversion des pécheurs et la propagation de la foi catholique. Elle suppliait le divin Fils, par ses travaux et par ses souffrances, de dissiper les ténèbres au milieu desquelles vivent les hérétiques, les Juifs et les infidèles. A ses prières journalières au Saint-

Esprit, elle ajoutait des neuvaines spéciales, et elle lui demandait de renouveler la face de la terre et d'accorder son saint amour à tous ceux qui marchent dans les ténèbres du péché ; elle le conjurait d'allumer les flammes de son feu céleste dans tous les cœurs, et particulièrement dans celui des ministres de son Église. Elle visitait souvent l'Église des Trinitaires, aux quatre fontaines, afin d'y prier particulièrement pour les esclaves chrétiens, qui gémissent sous le joug des infidèles ; elle obtint plusieurs fois leur délivrance par la ferveur de ses prières. Elle joignait à la prière des pénitences particulières, en dehors de celles qu'elle faisait régulièrement ; des macérations corporelles, la visite des Sept Basiliques, des jeûnes prolongés, des pèlerinages nu-pieds, au saint crucifix de Saint-Paul-hors-les-murs ; j'en ai été le témoin oculaire bien des fois en compagnie de son confesseur. En écrivant des lettres, elle les commençait par le nom de la très sainte Trinité ; dans les visites des malades, si on lui demandait de faire sur eux le signe de la croix, ou de leur faire toucher la Madone qu'elle portait sur son cœur, elle ne manquait pas d'invoquer avec respect la très sainte Trinité, pour obtenir, par les mérites de la sainte Vierge, la grâce qu'on désirait. L'ardeur de sa foi opéra un grand nombre de guérisons surprenantes, dont je pris note, à l'époque où elles avaient lieu. Dans les affaires difficiles qu'on lui recommandait, elle invoquait aussi la très sainte Trinité pour obtenir le succès désiré (1). » Le Seigneur avait pour agréable ce culte filial de sa Servante, et sa bonté se plaisait à l'encourager. « Un jour qu'elle priait dans l'église de Notre-Dame de la Victoire, devant un autel où se trouve exposé le tableau de la très sainte Trinité, elle entendit dans un ravissement extatique la voix du céleste époux l'inviter à l'adoration de ce grand mystère (2). »

V

Avec la très sainte et auguste Trinité, Jésus, Sauveur du monde, occupait entièrement l'esprit et le cœur de la fervente Anna-Maria. Bienheureux, dit l'auteur de l'*Imitation*, celui qui sait comprendre ce que c'est que d'aimer Jésus et ce que c'est que de se mépriser soi-même pour Dieu. Anna-Maria goûtait ce bonheur peu connu et se mettait à la suite de Celui qui a dit : « Je suis la lumière du monde, je suis la voie, la vérité, la vie. » Et alors elle aima Jésus comme

(1) Relation du cardinal Pédicini.
(2) Relation du confesseur.

son maître et son Dieu, comme son père et son ami, comme son salut et son espérance. Jésus devint sa lumière, son guide, son aspiration, elle se fit disciple pour n'écouter que Jésus, servante pour n'obéir qu'à Jésus, épouse pour n'appartenir qu'à Jésus, victime pour s'immoler avec Jésus.

Les mystères de la sainte enfance du Sauveur avaient pour le cœur de la Servante de Dieu un charme et un attrait particulier. Quand le cours de l'année ramenait ces solennités toujours si pleines de fraîcheur et de joie, dans les émouvants souvenirs de la crèche et des premières grâces de la rédemption, elle entrait dans une longue et pieuse préparation. « Les neuf jours qui précèdent la fête de Noël étaient des jours consacrés à un recueillement profond. De bon matin, elle quittait sa demeure et se rendait, quelle que fût la rigueur de la saison, à l'église Saint-Barthélemi, afin de prendre part aux exercices de la neuvaine, qui se faisait dans cette église, pour préparer les fidèles à la naissance du Sauveur. Elle passait ces neuf jours dans une telle ferveur, que Dieu, qui ne laisse jamais notre bonne volonté sans récompense, lui accordait ordinairement pendant ce temps des grâces spéciales. C'était aussi son pieux usage d'exposer, dans son oratoire particulier, l'humble image du saint Enfant-Jésus. En présence de son Dieu abaissé dans la pauvreté volontaire, elle aimait à étudier, dans une prière prolongée, les enseignements de la crèche. C'est là que, plusieurs fois, elle entendit une voix mystérieuse l'exhorter à imiter généreusement la pauvreté du saint Enfant-Dieu. »

Après Bethléem, le Calvaire était sa demeure de prédilection ; auprès de Jésus crucifié était son refuge et son repos ; on eût dit qu'elle avait dressé sa tente au pied de la Croix et qu'elle goûtait, dans la contemplation des humiliations et des douleurs de Jésus, les sentiments qu'avait goûtés saint Pierre, au Thabor, à la vue de la gloire et des splendeurs de son maître.

L'Agneau de Dieu rassasié d'opprobres sur l'autel de son sacrifice, s'offrant en victime pour les péchés des hommes, était, disent les témoins de son procès, l'objet de ses méditations journalières, et la vue de cette sanglante immolation était sans cesse présente à sa pensée. Ce souvenir, gardé dans son cœur avec tant d'amour, ranimait chaque jour son courage, et donnait à sa générosité un aliment toujours nouveau de force et de constance. A l'exemple de son Sauveur dépouillé, couronné d'épines, mourant sur la croix, elle s'attacha par amour pour lui à crucifier sa chair et son esprit, en les marquant l'un et l'autre des stygmates de la pénitence et du sceau de la mortification. Anna-Maria voulait pouvoir dire comme saint Paul : *Je suis attachée à la croix avec Jésus-Christ.*

La croix avait, dans la maison de la Servante de Dieu, ses hommages particuliers et sa place d'honneur. Elle avait une parcelle du bois sacré sur lequel mourut le Sauveur du monde, et chaque jour avec ses enfants elle la vénérait et la baisait avec respect. Elle portait sur elle l'image de Jésus crucifié, comme c'est assez l'usage des femmes chrétiennes, mais cette croix n'était pas pour elle un simple ornement et une vaine parure. C'était un vrai souvenir de l'amour de son Dieu, c'était une image sainte qui lui parlait sans cesse de pénitences et de sacrifices. Une des pratiques qu'elle faisait avec le plus de profit pour entrer dans l'esprit de la passion du Sauveur, c'était le chemin de la croix ; elle s'était fait inscrire dans la confrérie établie au Colysée, pour faire publiquement ce pieux exercice ; et, quand elle était empêchée d'y prendre part, elle le faisait dans sa maison ou dans une église voisine.

Elle avait aussi la dévotion d'aller le soir, nu-pieds, pendant quarante jours consécutifs, visiter le crucifix de la prison Mamertine, et, deux ou trois fois par mois, celui de Saint-Paul-hors-les-murs. Elle aimait, pour y méditer à son aise, les mystères douloureux de notre rédemption, les églises solitaires, qui, par le silence et le recueillement, secondaient mieux les besoins de sa foi et les sentiments de sa piété. C'est là qu'elle donnait un libre cours aux élans de son cœur, et qu'absorbée dans les douleurs et dans les larmes, elle passait des heures entières privée de l'usage de ses sens.

Un jour, dans l'église de Saint-André-della-Valle, pendant qu'elle priait devant le crucifix, elle entendit une voix céleste lui demander si elle voulait suivre le divin Crucifié dans sa nudité et son dépouillement, ou bien dans ses triomphes et dans sa gloire? Ce que nous venons de dire et ce qui nous reste à raconter, indique suffisamment quelle dut être la réponse de la Servante de Dieu.

VI

Mais, si tel était le culte et l'amour d'Anna-Maria pour Jésus dans les mystères de son enfance et de sa passion, que dirons-nous de sa foi, de sa piété, de ses ardeurs envers Jésus dans le mystère de ses autels?

L'Eucharistie lui apportait Celui qu'elle aimait uniquement, et lui offrait, tout ensemble, et les joies de sa naissance et les abaissements de sa mort. Celui dont la vue de Jésus-Enfant lui rappelait le joyeux souvenir, et dont la croix lui offrait l'insensible image, l'Eucharistie le lui donnait vivant ; elle pouvait le prier, l'adorer, lui parler, l'entendre, le recevoir sur ses lèvres, et le garder dans son cœur comme dans son tabernacle.

Il n'en fallait pas tant pour exciter sa reconnaissance, ses élans, son enthousiasme. C'est pourquoi, si nous avons dit que le Calvaire était sa demeure et son repos, nous pouvons dire que l'Eucharistie était son cœur, son âme et sa vie. Aussi le cardinal Pédicini qui a été si longtemps le confident des plus secrètes pensées de la vénérable, ne craint pas d'affirmer « que les transports de son cœur envers ce grand mystère, sont aussi difficiles à croire que difficiles à raconter, et que les paroles manquent pour exprimer les sentiments que son cœur goûtait auprès des saints tabernacles, ainsi que les divines faveurs dont il était comblé. »

Dès qu'elle était agenouillée en présence de l'autel, sa modestie devenait séraphique, et son recueillement si profond que ses sens se fermaient à la vie extérieure. Aucun bruit du dehors n'arrivait jusqu'à elle, sa tenue prenait l'immobilité de la pierre, on eût dit une statue de marbre ; seulement des larmes abondantes, mêlées à des soupirs qui s'échappaient de sa poitrine comme des traits de feu, révélaient, de

temps à autre, à ceux qui étaient témoins de sa
sa prière, la présence de la vie.

On la contemplait avec respect ; et, en la
voyant adorer son Dieu, on sentait renaître les
sentiments de la foi. Tous les jours, d'après
l'ordre de son confesseur, elle avait le bonheur
de faire la sainte communion. Pour se rendre
plus digne d'une si grande faveur, elle se préparait par une vigilance constante sur tous les
mouvements de son cœur, et par la prière longuement prolongée ; elle apportait au saint banquet,
avec l'horreur des moindres souillures, toute la
générosité de son ardent amour. Après la sainte
communion, quand elle possédait son Dieu, qui
pourra dire ce qui se passait dans son âme ?

« Il me serait impossible de dire le nombre
des extases et des ravissements d'amour divin
qu'elle éprouvait presque toujours à la communion. Dès qu'elle avait reçu Notre-Seigneur, le
ravissement devenait aussi facile pour elle que la
prière vocale l'est pour nous ; ordinairement elle
était instruite et consolée par la voix divine,
dont les premiers accents produisaient une extase
qui la rendait immobile pendant très longtemps.
Plusieurs fois, après lui avoir donné la communion, afin qu'elle ne se fît pas trop remarquer, je
devais transmettre tacitement, de l'autel, l'ordre
de réprimer les mouvements de son cœur, qui
éclatait en ardents soupirs, surtout dans les

églises petites et fréquentées, comme celle de la place Colonna. Il lui en coûtait beaucoup de réprimer cette ardeur ; je voyais son visage ruisseler de sueur, même pendant l'hiver. Le plus souvent, Dieu, exauçant son désir, lui donnait la force de se faire violence ; alors elle tombait dans un paisible et suave évanouissement, et demeurait très longtemps immobile sans s'apercevoir de ce qui se passait autour d'elle ; si l'extase commençait avant la communion, elle revenait à elle-même dès que le prêtre s'approchait avec la sainte hostie, elle recevait dévotement le Saint-Sacrement, et elle rentrait aussitôt dans sa douce contemplation.

» Dans les églises désertes et éloignées, comme à Notre-Dame de la Victoire et surtout à Saint-Paul-hors-les-murs, à l'autel du saint Crucifix, où je disais la messe pour elle, je n'arrêtais pas sa ferveur. Je l'ai vue bien des fois tomber auprès de la sainte communion, comme si elle eût été foudroyée, et demeurer longtemps dans cette position. Quand elle goûtait les douces expansions de l'amour divin, si on s'approchait d'elle, on ressentait tantôt l'impression d'une paix divine, d'autres fois on éprouvait dans le cœur un sentiment profond d'amour de Dieu, accompagné d'humilité et de componction ; quelquefois, c'était comme un parfum céleste. Les mêmes opérations extatiques se produisaient chez la Servante de Dieu, pendant les visites au Saint-Sacrement, surtout à l'exposition des quarante heures (1). »

Le cœur d'Anna-Maria, on le voit, était plein de son Sauveur, et il surabondait de cette vie supérieure et éminente qui est la vie des vrais enfants de Dieu. Le sens terrestre et humain disparaissait, et à sa place grandissait ce sens nouveau qui ne vient que du ciel. En même temps que son cœur répandait ces parfums embaumés qui descendent des régions de la bienheureuse patrie, il avait de ces regards pleins de lumières et comme des instincts surnaturels qui lui faisaient découvrir les choses cachées. Notre-Seigneur lui-même se plaisait à déchirer pour sa Servante le voile des mystères, de sorte que l'amour avait formé, entre Jésus et son humble épouse, une de ces unions qui ressemblent, autant que la terre le peut permettre, à celle des saints avec Dieu dans le ciel.

Ainsi, on raconte qu'elle avait le sens intime de la présence de son bien-aimé, et qu'elle discernait sans le savoir à l'avance les autels où reposaient les saintes espèces. « Elle savait où était le Saint-Sacrement dans une église ; l'attrait du cœur le lui indiquait. » « Dans l'église de saint Ignace, un prêtre, qui la regardait

____

(1) Relation du cardinal Pédicini.

comme une hypocrite, eut la coupable malice de lui donner la communion avec une hostie qui n'était pas consacrée. Anna-Maria le devina par l'effet d'un don particulier qu'elle avait; une voix céleste lui ordonna d'en avertir son confesseur; le prêtre avoua sa faute, et le confesseur l'annonça à sa pieuse pénitente en lui recommandant de prier pour lui. »

Voici un fait constaté par plusieurs personnes qui en furent témoins : « La Servante de Dieu était à genoux, à la sainte table, dans l'église de Saint-Charles; le prêtre allait lui donner la communion, lorsqu'en récitant les prières ordinaires, la sainte hostie s'échappa de ses doigts. O prodige! au lieu de s'égarer sur la nappe ou de tomber à terre, la sainte hostie reste en l'air un instant; et, peu à peu, d'elle-même, va se reposer, guidée comme par une main invisible, sur les lèvres de la Servante de Dieu. »

D'autres fois, Notre-Seigneur la favorisait de sa présence sensible. On raconte que, dans l'église de l'Enfant-Jésus, le divin Sauveur lui apparut dans la sainte hostie. Elle vit un beau lis dont la tige s'achevait par une fleur magnifiquement épanouie; sur cette fleur, comme sur le trône de la pureté, Jésus se montrait à son humble Servante dans tout l'éclat de sa beauté surhumaine. Pendant qu'elle contemplait dans la joie de l'extase les charmes de son doux maître, elle entendit une voix lui dire : « Je suis la fleur des champs et le lis des vallées, et je suis tout à toi. »

Un autre jour, c'était dans l'église de Saint-André-della-Valle, elle vit encore son bien-aimé Sauveur rompre le secret eucharistique pour se montrer à ses yeux ; il était grand, beau, environné d'une éclatante lumière, et couvert d'un manteau splendide comme la pourpre des rois. Quelle devait être sa foi et quel devait être son amour, pour lui mériter de pareilles faveurs !...

VII

Un culte si profond des mystères de la Passion et de l'Eucharistie, amena tout naturellement Anna-Maria à la connaissance et à l'amour du sacré Cœur de Jésus. La dévotion au sacré Cœur de Jésus achève, dans la vie mystique des serviteurs de Dieu, la connaissance et l'amour de Notre-Seigneur Jésus-Christ.

Le cœur de Jésus, c'est Jésus foyer de l'amour divin, centre et rayonnement de la vie surnaturelle. C'est l'amour demandant l'amour, le cœur appelant les cœurs à se jeter dans le brasier, à se livrer à ses flammes qui consument et vivifient.

Anna-Maria avait compris le sens profond de la dévotion au sacré Cœur de Jésus. Aussi, elle ne venait point devant ce cœur couronné d'épines faire amende honorable, le front couvert de fleurs ; ni mêler à ses réparations eucharistiques un cœur souillé par la sensualité, flétri par l'orgueil et dévoré par l'amour-propre ; elle portait à ses pieds l'humilité, le dévouement, l'esprit de sacrifice, le désir vrai de l'immolation ; et, comme son Sauveur et avec lui, elle se faisait victime pour les péchés du monde, comme nous le verrons par la suite. C'était ainsi qu'Anna-Maria répondait à l'amour de son Sauveur ; c'est ainsi que la dévotion au sacré Cœur de Jésus lui servait d'aiguillon pour grandir chaque jour dans l'immolation d'elle-même, dans l'amour de Dieu et de ses frères.

Notre-Seigneur, nous l'avons dit, se plaisait à récompenser ce dévouement par des prodiges de tendresse. Citons encore un fait parmi tant d'autres.

« Anna-Maria habitait alors sa petite maison de la ruelle de Sdrucciolo, près du palais Chigi. Elle était gravement malade : pendant la nuit, on craignait beaucoup pour sa vie. Vers l'aube, Notre-Seigneur lui apparut : il avait un habit violet, et un magnifique manteau bleu qui enveloppa tout le lit ; sa beauté et sa grâce étaient merveilleuses, ainsi qu'elle me l'a raconté. Il lui serra étroitement la main, et il eut avec elle un long entretien dans lequel il lui dit qu'il la prenait pour épouse; il lui donna le pouvoir de guérir les malades par l'attouchement de la main qu'il tenait serrée, et la guérit instantanément de tous ses maux. Au moment où le Sauveur la quitta, Anna-Maria sentit une vive émotion, qui lui fit pousser un grand cri. Les personnes de la maison s'éveillèrent à ce bruit et coururent au lit de la malade; elle les rassura en disant qu'elle était parfaitement guérie; et, dès le matin, elle se leva. »

VIII

Après le divin Sauveur, Marie, notre mère immaculée, avait dans le cœur d'Anna-Maria la meilleure part de ses affections, de ses respects et de ses hommages. Elle aimait le fils dans la mère; elle aimait Dieu dans son plus bel ouvrage après Jésus; elle aimait dans la Vierge le reflet si pur de la sainteté divine, et, dans la Mère, la miséricordieuse bonté qui nous a si admirablement rachetés : et, parce que Marie a été l'instrument de notre réparation, parce qu'elle a été l'arche sainte qui a porté le salut du monde, parce qu'elle est dans le ciel la dispensatrice des grâces et des biens surnaturels, la Servante de Dieu avait pour cette Vierge auguste l'amour le plus filial, la confiance la plus entière et le plus complet abandon ; elle l'aimait, disent les témoins de son procès, comme un enfant bien né aime la plus tendre des mères, et elle l'appelait toujours de ce doux nom : « *Ma chère mère.* » Aussi, comme une fille aimante et dévouée, elle s'appliquait à lui donner les témoignages et les preuves de son amour ; elle célébrait avec une tendre piété toutes ses fêtes, les plus solennelles comme les plus simples, elle s'y préparait par une neuvaine particulière, et, la veille, elle pratiquait un jeûne rigoureux ; elle jeûnait aussi tous les samedis en son honneur ; dans le courant de la journée, elle la saluait souvent par des invocations ferventes ; et, lorsqu'elle entendait le son de la cloche, elle avait la pieuse habitude de fléchir le genou pour lui témoigner sa vénération.

Quand l'occasion se présentait de parler de Marie, Anna-Maria était vraiment éloquente, et son cœur débordant de foi et d'amour avait le secret d'inspirer aux personnes qui l'entendaient ses sentiments de confiance et de piété. Parmi les mystères de la vie de Marie, ceux de son immaculée conception et de ses douleurs l'attiraient de préférence. La vue de Marie au pied de la croix était pour son cœur un spectacle toujours émouvant ; et elle entrait avec tant d'énergie dans ce mystère, elle s'y associait par des souffrances si intimes et si profondes, qu'elle en perdait presque aussitôt connaissance ; et, lorsqu'ensuite revenue à elle-même, elle parlait de la mère des douleurs, elle en disait des choses si sublimes, qu'on eût cru sans peine qu'elle les avait apprises au ciel.

« Elle aimait très dévotement les images de sa bonne mère ; dans son petit oratoire, elle en avait une devant laquelle elle tenait une petite lampe constamment allumée ; elle ne quittait jamais celle qu'elle avait pris l'habitude de porter, ainsi que son scapulaire : elle saluait pieusement celles qu'elle rencontrait dans les diverses rues de Rome ; et elle aimait tellement à prier dans les églises qui possèdent des vierges célèbres par des grâces particulières que lorsqu'elle y était, elle ne pouvait plus s'en arracher.

» Dans les affaires domestiques et dans les difficultés nombreuses de sa position, la Servante de Dieu se confiait à Marie comme on se confie à la plus aimante des mères. Elle la priait longuement et la nuit et le jour, lui demandait tout ce qui lui était nécessaire, et attendait tout de ses maternelles bontés : son secours dans les adversités, son appui dans les peines, son soulagement dans les maladies, ses grâces en toute rencontre ; convaincue qu'elle était que tout don,

toute vertu, tout bien, descendent de sa main li-
bérale qui les répand comme elle veut et quand
elle veut, sur ceux qui l'aiment et la servent.
Aussi attribuait-elle à sa céleste bienfaitrice tout
ce qui lui arrivait d'heureux, et son cœur reconnaissant ne cessait de célébrer ses bienfaits et
d'exalter sa clémence (1). »

Marie notre bonne mère ne se laissait pas
vaincre en tendresse : elle aimait sa fidèle servante comme un enfant de prédilection, la comblait de ses grâces les plus touchantes, l'envi-
ronnait de ses douces sollicitudes ; et, en répandant dans son âme ses dons et ses faveurs surnaturelles, elle se plaisait encore, à l'exemple
de son divin fils, à descendre des hauteurs de son
trône, et à venir quelquefois converser avec
cette humble enfant de la terre.

Ce fut dans une extase que l'auguste Vierge
lui dicta la prière suivante :

« Prosternée à vos pieds, grande Reine du
ciel, je vous vénère avec le plus profond respect,
et je confesse que vous êtes fille du Père, mère
du Verbe Divin, épouse du Saint-Esprit, vous
êtes la trésorière et la distributrice de ses miséricordes. Votre cœur très pur est rempli de charité, de douceur et de tendresse pour les pécheurs ; c'est pourquoi nous vous nommons mère

____

(1) *Informatio sup. dub.*

de la divine pitié. Je me présente donc à vous avec une grande confiance, ô mère bien aimante ; me voici dans l'affliction et l'angoisse, daignez me montrer combien véritablement vous m'aimez, en m'accordant la grâce que je vous demande, si elle est conforme à la volonté divine et au bien de mon âme. Je vous en supplie, arrêtez vos regards très purs sur moi et particulièrement sur tous ceux qui se sont spécialement recommandés à mes prières. Voyez quelle guerre terrible font aux âmes la chair, le monde et le démon, et combien est grand le nombre de ceux qui périssent.

» Souvenez-vous, ô tendre mère, que nous sommes tous vos enfants, rachetés par le précieux sang de votre Fils unique. Priez avec ardeur, je vous en conjure, la très sainte Trinité de me donner la grâce de toujours vaincre le démon, le monde et toutes mes mauvaises passions ; cette grâce avec laquelle les justes se sanctifient, les pécheurs se convertissent, les hérésies sont détruites, les infidèles sont éclairés et les Juifs ramenés.....

» Demandez, ô mère très aimante, cette grâce par l'infinie bonté du Très-Haut, par les mérites de votre saint Fils, par le lait que vous lui avez donné, par le dévouement avec lequel vous l'avez servi, par les larmes que vous avez répandues, par la douleur que vous avez éprouvée dans sa très sainte passion. Obtenez-moi ce grand don, que le monde entier forme un seul peuple et une seule Église, qui donne gloire, honneur et actions de grâces à la très sainte Trinité, et à vous qui êtes notre médiatrice. Que cette grâce me soit accordée par la puissance du Père, la sagesse du Fils, et la vertu du Saint-Esprit. Amen.

» Mère, voyez le danger extrême de vos enfants ; mère qui pouvez tout, ayez pitié de nous.

» *Virgo potens, ora pro nobis. — Ave Maria* — trois fois.

» Père éternel, augmentez toujours davantage dans le cœur des fidèles la dévotion à Marie votre fille.

» Fils éternel, augmentez toujours davantage dans le cœur des fidèles la dévotion à Marie votre mère.

» Esprit-Saint et éternel, augmentez toujours davantage dans le cœur des fidèles la dévotion à Marie votre épouse.

» *Gloria Patri.* »

Je portai moi-même, dit le cardinal Pédicini, cette prière au souverain Pontife. Par un rescrit du 6 mars 1809, Pie VII y attacha des indulgences précieuses. Elle fut imprimée sous le nom de quelques personnes pieuses, parce que Anna-Maria ne voulut pas être nommée ; elle se répandit dans toute l'Italie, et au loin dans la chrétienté.

C'est ainsi qu'agréant la confiance filiale de sa servante, la Reine du Ciel lui donnait des marques signalées de sa prédilection.

Avec l'auguste mère de Dieu, Anna-Maria avait encore les Anges pour amis et pour protecteurs.

Saint Michel, saint Gabriel, saint Raphaël, étaient particulièrement l'objet de sa dévotion ; son ange gardien se montrait quelquefois à elle d'une manière sensible, et il l'aidait dans les soins et les soucis de sa famille.

Elle avait pris saint Joseph pour un de ses principaux protecteurs ; elle jeûnait tous les mercredis en son honneur ; elle avait aussi en grande vénération saint Pierre et saint Paul qui ont prêché la foi dans la ville de Rome, les saints apôtres qui ont converti l'univers et qui sont nos Pères dans la foi ; saint Philippe de Néri dont elle aimait à visiter souvent le tombeau, saint François de Paule, saint Louis de Gonzague, sainte Philomène et plusieurs autres qu'il est inutile d'énumérer. Elle les invoquait tous les soirs après le rosaire qu'elle récitait avec ses enfants.

IX

L'amour des choses terrestres rapetisse le cœur de l'homme, étouffe ses hautes aspirations, et arrête ses tendances élevées. L'amour des choses célestes, au contraire, l'élève, le dilate, le fait grand et bon en lui montrant tout en Dieu, bien suprême, et tous les êtres sous la main du même père qui les a créés, qui les bénit et qui les aime.

Anna-Maria avait passé par ces deux amours. Sous l'influence de l'amour terrestre, son cœur, attaché aux puériles vanités du monde, devenait petit de toute la petitesse des objets qu'il aimait. Mais voici qu'elle a changé le cours de ses affections, elle a ouvert son cœur à l'amour céleste, aussitôt elle s'élève au-dessus des passagères mobilités de la terre, son esprit s'agrandit, son âme rayonne au loin comme un foyer ; rien de ce qui se passe dans la création ne lui est étranger ; et, dans l'ombre obscure de son humble foyer, elle sait mêler sa vie à tout ce qui se remue dans l'univers. Elle connaît, elle visite, par la prière et par la charité, les trois cités qui renferment dans des états divers tous les enfants de Dieu ; elle les parcourt sur les ailes des saint désirs ; elle y porte les travaux et les fruits de ses sacrifices ; elle partage les joies comme les souffrances ; se mêle à la gloire ainsi qu'à la lutte et à l'expiation ; et, de ces trois cités, elle entend des voix qui lui répondent, et comme des échos de son propre cœur.

Le ciel, nous l'avons vu et nous le verrons encore, verse sur elle l'avant-goût de ses béatitudes. L'Église, nous le verrons aussi, compte sur elle comme sur un de ses fermes appuis ; et le purgatoire la trouve au seuil de ses demeures, les mains chargées de bénédictions et de secours. Tous les jours Anna-Maria allait frapper aux portes de cette cité des larmes ; elle venait dans ce séjour de l'expiation porter dans le vase de sa charité les trésors de l'Église et les mérites de son Sauveur ; elle parcourait les rangs pressés de ces âmes infortunées, qui attendent et qui souffrent ; elle se plaisait à répandre sur leurs douleurs le baume de ses supplications, et sur les flammes qui les purifient, la rosée de ses prières ; et souvent elle avait la consolation et le bonheur de briser leurs chaînes et de les voir prendre leur vol vers le séjour du céleste repos.

Anna-Maria aimait les âmes du purgatoire parce que ces âmes sont dignes de l'amour de Dieu. Elle savait que, si sa justice les châtie dans la sainteté de ses jugements, sa bonté les appelle et les attend dans l'ineffable joie de ses récompenses ; elle savait que Jésus aime à voir couler son sang au sein de cette cité du repentir, et, semblable à un fleuve de paix, promener ses flots rafraîchissants au milieu de ses feux qui purifient. Alors son cœur, doublement ému par les désirs miséricordieux de Notre-Seigneur et par le sort infortuné de ces pauvres âmes, s'épanchait, pour obtenir le soulagement de leurs maux, en prières et en supplications, en pénitences et en sacrifices, et l'on peut dire, d'après le témoignage du cardinal Pédicini, que pour délivrer ces âmes, elle s'est mise elle-même dans un purgatoire continuel (1).

« Ma pieuse mère, dit une de ses filles, avait l'habitude d'aller souvent prier au cimetière du Saint-Esprit. Ses visites avaient lieu pendant quarante jours consécutifs ; elle les faisait, quelle que fût la saison, toujours pieds nus malgré le soleil, la pluie, le froid et la boue ; elle récitait sur chacune des trois cents sépultures trois *Requiem* et une prière ; j'étais ordinairement sa compagne dans ce pieux exercice. Pendant que ma mère priait sur les tombes, je parcourais le cimetière, je faisais le chemin de la croix, et j'allais ensuite l'attendre dans la chapelle du Saint-Rosaire. »

« Ayez, disait la Servante de Dieu ; une

_____

(1) *Informatio sup. dub.*

grande dévotion aux âmes du purgatoire, surtout aux âmes des prêtres ; faites dire des messes pour elles, quand vous le pouvez ; prenez l'habitude de réciter pour ces âmes cent *Requiem æternam* tous les jours. En assistant à la messe, offrez-la pour leur soulagement. Cette dévotion vous préservera de bien des malheurs, ainsi que toute votre famille. »

« Elle récitait deux prières en même temps. Pour les cinquante premiers *requiem*, c'était la prière suivante : « O saintes plaies de mon Seigneur, ouvertes avec tant de sang d'amour, ayez pitié des âmes du purgatoire et de moi, pécheresse. » Aux cinquante autres *requiem*, elle disait : « Saintes âmes, qui de ce monde êtes allées dans le purgatoire, et qui êtes attendues en paradis, vous demanderez des grâces pour moi lorsque vous paraîtrez devant Dieu. »

Le Seigneur permettait que les âmes délivrées par les prières de sa Servante vinssent quelquefois la remercier. Un jour, elle voulut communier à Saint-Jean de Latran pour une personne défunte. Pendant la première messe, qui fut dite par son confesseur, elle éprouva tout à la fois les tourments de l'âme et les souffrances du corps ; sans laisser pour cela la prière, elle les offrit en satisfaction à la justice divine. Mgr Pédicini commença sa messe ; au *gloria* la tristesse et les tourments de la pieuse femme se changèrent subitement en un excès de joie et d'allégresse ; Anna-Maria crut mourir de bonheur, lorsque l'âme délivrée du purgatoire s'approcha et lui dit : « Je te remercie, sœur, de ta charité ; je me souviendrai de toi devant le trône de Dieu, et au Ciel où je vais, grâce à tes prières, être heureuse pour l'éternité. »

X

Avec l'Église qui souffre, l'Église qui lutte et qui combat avait la meilleure part des travaux et des souffrances de la vénérable Anna-Maria. L'Église est la patrie terrestre des enfants de Dieu ; elle enfante, élève et conduit jusqu'au seuil de la bienheureuse éternité les élus du ciel, Jésus, son époux et son roi, vit, souffre, travaille et grandit dans ses membres. Est-il étonnant que la Servante de Dieu sentit son cœur s'émouvoir tout entier dans le souvenir et la pensée de sa mère selon la grâce, de l'épouse de son Sauveur, de la mère de tous les chrétiens ?

Évidemment Dieu, qui est le maître de ses dons, avait des desseins particuliers sur sa fidèle Servante : l'Esprit qui souffle où il veut, l'avait choisie, nous le verrons plus loin, pour instrument de sa puissance, lorsqu'il répandit dans son âme ses lumières comme par torrents. Disons ici brièvement que son amour pour l'Église se traduisait par la plus profonde soumission à sa doctrine et à ses commandements. « En toute occasion, elle prenait sa défense contre ceux, quels qu'ils fussent, qui méprisaient ses enseignements ou blâmaient ses préceptes. Elle observait ses lois avec une fidélité qui allait jusqu'à la rigueur ; et quand, dans la famille, il fallait par nécessité ne pas suivre les saintes ordonnances pour tout ce qui tient aux jeûnes et aux abstinences, elle ne se contentait pas des prescriptions des médecins, qui sont souvent trop complaisants à donner des dispenses, il lui fallait non pas seulement une permission, mais un ordre formel du confesseur. »

« Ce respect pour la sainte Église, Anna-Maria le portait à tous les membres de la hiérarchie ecclésiastique. Elle avait en particulier la vénération la plus profonde pour le Souverain Pontife, elle ne parlait de lui que dans les sentiments de la plus humble déférence, et une de ses paroles était celle-ci : « Il est Dieu sur la terre. »

Dans ce sentiment, « elle priait pour sa conservation en conjurant le Seigneur de le délivrer des pièges de ses ennemis. Elle offrait au Père éternel le précieux sang de Jésus-Christ auquel elle était très dévote, de ferventes prières, les persécutions, les croix, les maladies que Dieu lui envoyait, sans parler des pénitences qu'elle s'imposait. Du chef visible de l'Église de Jésus-Christ, sa vénération descendait aux cardinaux, aux évêques, aux prélats, aux prêtres, aux religieux : elle reposait sur leur caractère qui lui faisait oublier l'homme. pour ne voir que l'image du Prêtre éternel son Sauveur. Cette pensée transfigurait à ses yeux ceux qui étaient élevés à la dignité sacerdotale; elle ne supportait pas qu'on critiquât en sa présence leurs personnes, leurs paroles ou leurs actions. Quand un prêtre entrait dans sa maison, elle se levait et baisait respectueusement sa main, la faisait baiser à tous ses enfants, et l'entourait de toutes sortes d'hommages et de respect, quoique souvent elle fût occupée avec des personnes que le monde estime supérieures aux prêtres par la fortune et par les titres. »

XI

Saint Augustin reproche aux pécheurs de chercher le bonheur de la vie parmi les ombres de la mort. « Il n'est point là... leur dit-il, purifiez votre amour, il coule comme l'eau vers une terre infecte et souillée, tournez son cours vers la terre, qui porte des fleurs et des fruits. »

Anna-Maria avait suivi le conseil de saint Augustin; elle n'avait pas cesse d'aimer, mais elle avait changé le cours de son amour. Du monde et de ses dangereuses folies, elle le faisait monter vers le ciel et ses espérances immortelles; ses ascensions étaient si franches et si généreuses, que Dieu, chose admirable, voulut les entourer d'un éclat inaccoutumé; et, tandis que la vie surnaturelle opère ordinairement son travail mystique dans les ombres de la conscience et de la foi, le Seigneur voulut, pour sa Servante privilégiée, que ses voies, habituellement obscures et silencieuses, parussent même au dehors à ceux qui la connurent, lumineuses et éclairées; et il donna le touchant spectacle de voir, dans la vie intime de cette pauvre et humble femme, les deux opérations de l'âme et de la grâce s'unissant constamment dans un mutuel amour, et resplendissant dans une commune lumière.

» Ce mutuel amour était devenu si profond et si intime que, pour chercher et rencontrer la présence de Dieu, Anna-Maria n'avait pas besoin de se faire violence. Son céleste époux lui avait dit : « Qu'il voulait faire de son cœur sa demeure et y établir son séjour, pour être toujours avec elle et ne jamais la quitter. Et alors c'était souvent, de la part de la pieuse femme, comme une lutte contre la grâce pour se distraire de la vue de son Dieu, et ne pas tomber continuellement dans des extases et des ravissements qui auraient nui à l'accomplissement de ses devoirs domestiques. »

« Merveilleux combat de l'amour ! l'humble Anna-Maria prenait son balai pour nettoyer sa maison, et aussitôt son divin époux se présentait à ses yeux. A sa vue, elle s'empressait de détourner ses regards, et alors, la voix de son bien-aimé frappait ses oreilles, elle en entendait les doux accents ; elle cherchait encore à fuir, mais bientôt, ne pouvant plus résister à ses poursuites, elle restait en extase, l'usage de ses sens était suspendu, et elle était là, immobile comme une statue, le balai à la main... Quand elle revenait à elle, elle se hâtait de réparer le temps perdu en redoublant d'activité ; d'autres fois, c'était dans sa cuisine que se produisait cet entraînement de l'amour divin ; elle était occupée à préparer le repas de sa famille et à faire son modeste ménage, lorsque tout à coup la force des consolations spirituelles l'obligeait de s'appuyer contre le mur et même de s'asseoir, parce qu'elle n'en pouvait porter le poids. Quelquefois aussi, à table, debout et occupée à servir ses enfants, elle semblait tout à coup comme frappée de la foudre, et elle demeurait ainsi longtemps immobile, le couteau ou la fourchette à la main, les yeux fixement arrêtés sur un objet invisible.

» Son mari, qui était un homme peu intelligent et même assez grossier, l'appelait à plusieurs reprises, et, comme elle ne répondait pas, il la secouait rudement; il s'imaginait quelquefois que cet état était le résultat d'une attaque d'apoplexie; alors, il se mettait en mesure de lui administrer des remèdes et des potions calmantes. D'autres fois, il l'attribuait au sommeil ou à l'évanouissement; et, lorsque la Servante de Dieu recouvrait la connaissance et que, toute souriante et toute gaie, elle reprenait le service, son mari lui disait en lui faisant des reproches : « Comment peux-tu dormir à table ? tu es toute pétrie de sommeil. » Marie, la plus jeune de ses filles, voyant que sa mère ne donnait aucun signe de vie, pleurait et criait : Ma mère est morte !... ma mère est morte ! Sophie, sa fille aînée, qui avait plus de pénétration, avait conçu des soupçons sur ces états surnaturels, et disait que sa mère était en prière. Mais Dieu avait mis un bandeau sur leurs yeux, pour qu'ils ne comprissent pas la cause de ses extases et de cet état. Les mêmes ravissements avaient lieu, quand elle récitait en commun les prières du soir. Quand on allait l'avertir que c'était fini, on la trouvait sans connaissance, et son mari continuait à la gronder de ce qu'elle dormait en priant Dieu.

» Ces ravissements durèrent plusieurs années ; et, telle était la flamme de l'amour divin dont elle était alors embrasée que, pour s'en distraire, tous ses efforts étaient impuissants ; ils devinrent même tellement fréquents que l'humble Servante de Dieu s'en plaignit amoureusement à son céleste époux. « Laissez-moi, Seigneur, disait-elle avec une sainte liberté, laissez-moi en paix, retirez-vous ; je suis mère de famille, laissez-moi à mes occupations, retirez-vous, retirez-vous. » Vains efforts ! Pendant qu'elle se débattait de cette manière, le plus simple objet qui lui rappelait son Dieu la rejetait dans son extase. Parmi les distractions mêmes qu'elle cherchait à dessein, elle était encore vaincue, et les attraits de l'amour divin la saisissaient de toutes parts, et la tenaient enchaînée comme une victime (1). »

XII

On a souvent comparé la perfection chrétienne à ces montagnes élevées qui semblent n'offrir au

(1) Relations du confesseur, du cardinal Pédicini, du prêtre confident de la Vénérable. *Informatio sup dub.*

voyageur que des sentiers âpres et rudes, et des flancs couverts de broussailles. Effrayés tout à la fois et de la hauteur des sommets et de la difficulté des chemins, la plupart s'arrêtent au pied de la montagne, et se contentent de mesurer tristement du regard ces cimes qui paraissent infranchissables. Anna-Maria était du petit nombre de ceux dont le courage vigoureux peut tout ce qu'il ose ; et elle était arrivée à ces hauteurs sublimes où l'œil, agrandi et fortifié dans la lumière de la foi, contemple sans effort la nature entière transfigurée dans la grâce. Son cœur était sous le charme de ces attraits surhumains qui n'appartiennent dans l'Église qu'aux grands contemplatifs, et qui ont formé, dans l'école des mystiques, au milieu des plus austères vertus, les âmes les plus saintement tendres et les plus tendrement aimantes.

Une femme ignorante et pauvre, mais fidèle à la grâce, devenait l'émule de sainte Thérèse, de saint Bonaventure, de saint Jean de la Croix. Comme la vierge du Carmel, elle tombait en extase à la vue des plus simples merveilles de la nature ; et les ravissements qu'elle éprouvait au bruit d'une feuille, au plus léger mouvement de l'air, rappellent admirablement le pauvre d'Assise allant à travers les campagnes, souriant à toutes les fleurs de la route, conversant avec les insectes du chemin, appelant les oiseaux du ciel ses petits amis, et chantant dans des poésies, qui sont restées, les brûlantes aspirations de son amour. Comme ces grandes âmes, Anna-Maria « lisait le nom du Seigneur sur tous les êtres de l'univers ; et toutes les créatures étaient pour elle autant de bouches de feu qui l'embrasaient de plus en plus, autant de langues éloquentes qui lui révélaient toutes les bontés de son Dieu. Le chant d'un oiseau, la vue d'une fleur, l'agitation de la brise étaient plus que suffisants pour enflammer son cœur et lui causer un ravissement. Aussi était-il dangereux de la laisser sortir seule, parce qu'elle ne pouvait pas compter sur elle-même. Ordinairement, elle était accompagnée par une personne de confiance ; et, lorsqu'un son, un chant produisait un évanouissement subit d'amour divin, elle s'appuyait sur sa compagne et se hâtait d'entrer dans l'église la plus voisine... Quand elle se mettait en oraison, le ravissement lui était aussi naturel que l'est pour nous une simple prière, et son âme était tellement saisie, qu'on eût dit qu'elle eût voulu sortir de son corps ; c'était à ce point de vue que tous les assistants s'en apercevaient, parce qu'elle ne pouvait pas réprimer ses émotions surnaturelles. Les uns admiraient sa ferveur, l'attendaient à la porte pour se recommander à ses prières, d'autres la disaient obsédée ou l'accusaient d'hypocrisie. Après avoir terminé son action de grâces, elle regardait modestement pour voir si les personnes qui l'avaient remarquée étaient encore dans l'église ; et, saisissant son moment, elle sortait toute confuse et se hâtait bien vite de rentrer au logis. Pour éviter d'être remarquée, elle se crut obligée d'aller communier, tantôt dans une église et tantôt dans une autre ; Dieu lui en fit des reproches et lui ordonna de ne s'inquiéter de rien, puisqu'il était avec elle, et de retourner à Notre-Dame de la Piété, à la place Colonna, son église habituelle. Quand elle était saisie de cette manière par l'amour divin, l'obéissance seule pouvait la rappeler à l'usage de ses sens ; en dehors de l'obéissance, elle était insensible à toute espèce de bruit. A l'époque de la première république française, il y eut une alerte sur la place Colonna, où toutes les troupes se réunirent. Le bruit des tambours et les cris de la foule firent sortir tout le monde de l'église de la Piété, qui se trouva vide en un moment. Le sacristain voulut se prémunir en fermant les portes. Anna-Maria venait de communier ; elle demeura sourde aux demandes du sacristain qui finit par l'enfermer. Quel fut son étonnement, en sortant de son ravissement extatique, de se trouver seule dans cette église ! Elle n'avait pas entendu le bruit qu'on avait fait.

» J'ai été bien souvent témoin de ses sommeils surnaturels, de ses extases, et de son abandon en Dieu, lorsque nous visitions les sept basiliques en compagnie du cardinal Pédicini. Elle communiait alors ordinairement dans l'église du Saint-Crucifix, à Saint-Paul ; aussitôt après la communion, elle perdait entièrement connaissance ; mais, comme nous devions continuer le pèlerinage, je lui adressais tacitement, au nom de l'obéissance, l'ordre de reprendre l'usage de ses sens et de nous suivre immédiatement (1). »

Telle était Anna-Maria dans ses relations avec le monde surnaturel et dans sa vie intérieure. Nous avons découvert les sources des pensées qui la dirigeaient; nous avons suivi le cours des affections qui étaient son aliment journalier; nous avons voulu entrer dans son âme, et pénétrer dans les profondeurs de ce sanctuaire intime, où chacun de nous garde les secrets de sa vie. Il était bon, il était utile de connaître ce mouvement intérieur qui régla tout le cours d'une existence si bien remplie et qui s'éleva à de si hautes vertus. Ce mouvement avait son premier moteur dans la grâce qui ne manque jamais à personne ; il avait son point d'appui dans la liberté, qui est un des plus beaux apanages de notre nature. Assurément, avec les grâces qui sanctifièrent Anna-Maria, il y eut des dons extraordinaires, des faveurs qui sont en dehors

____

(1) Relation du confesseur.

de l'ordre commun, une mission enfin qui entrait dans les vues de la divine Providence ; mais, en mettant de côté ce qui est particulier en ce genre à la Servante de Dieu, nous découvrons la pensée fixe et constante d'une âme qui voulut généreusement servir le Seigneur. Et il reste pour nous un grand exemple, qui nous dit comment la sainteté se forme dans le cœur des chrétiens ; comment celui qui veut peut réaliser son vouloir, parce que la grâce toujours surabondante mesure ses eaux vivifiantes sur la grandeur du cœur qui les reçoit, et ses secours sur la générosité de nos volontés, afin que toutes les vaines excuses de notre lâcheté et de notre mollesse disparaissent devant la vérité, et que Dieu soit justifié dans ses promesses et glorifié dans ses jugements...

LIVRE III

I. La maison de la Servante de Dieu. — II. Ses devoirs envers ses enfants. — III. Ses rapports avec son mari. — IV. Ses rapports avec les autres membres de sa famille. — V. Ses rapports avec les filles de service. — Dieu bénit son dévouement. — VI. Sa maison est réglée comme une communauté. — VII. Les dimanches et les jours de fête. — VIII. Le travail.

I

Au fond d'une ruelle de la rue Sdrucciolo, était une maison petite et pauvre ; le Seigneur, dans sa bonté, y répandait ses dons avec abondance. Quand vous franchissiez le seuil de cet humble séjour, vos regards rencontraient une propreté modeste, et la bonne tenue des choses ; la main qui gouvernait le logis, on le voyait au premier coup d'œil, était intelligente, active, très économe de son temps, pas du tout de sa peine ; l'ordre régnait partout ; mais dans cet ordre c'était comme quelque chose de religieux, et de toutes parts s'échappait un parfum de piété. Vous alliez voir dans leur ménage des gens pauvres et voués au travail ; et, en entrant chez eux, vous éprouviez, comme sur le seuil d'un cloître, un ineffable sentiment de paix, et cette impression de sérénité calme et douce qui environne toujours les sanctuaires de la prière et de la pénitence. Vous pouviez jeter vos yeux de tous côtés, rien de profane ne venait les surprendre : on eût dit une demeure chrétienne des anciens âges.

Sur les murs, çà et là, disposées avec un goût bien entendu les images religieuses des saints protecteurs : le signe sacré de notre rédemption, notre doux Sauveur sur la croix ; puis, l'oratoire de la famille, avec la bonne mère ; et, devant son image, la petite lampe allumée, le cierge et le rameau consacrés par la prière et par l'encens, l'eau bénite qui met en fuite les démons, purifie les souillures et attire la protection des saints anges. Cette maison ressemblait à un petit monastère : elle était réglée comme une communauté religieuse, Anna-Maria en était l'âme. La grâce, qui avait touché son cœur, lui avait clairement montré que le chemin le plus simple et le plus assuré du salut est dans l'accomplissement des obligations de son état ;

elle avait pris au sérieux ses devoirs de mère et d'épouse ; et ce fut son ambition constante et son zèle de les remplir dans toute leur étendue.

Elle voulut dès lors que le toit domestique qui abritait ce qu'elle avait de plus cher au monde, fût en réalité, comme on l'appelle, le sanctuaire de la famille. Un sanctuaire est un lieu sacré, recueilli, où se passent de saints mystères : la famille a les siens ; et ils sont saints parce que Dieu y forme ses élus. Anna-Maria fit de sa maison un lieu sacré ; en y entrant, elle avait établi cet usage, on invoquait à haute voix les saints noms de Jésus et de Marie. Dieu y régnait en souverain : il en était le Père et le maître ; elle n'était que sa servante, s'efforçant de son meilleur vouloir à faire chaque jour son œuvre, afin que chaque jour Dieu, maître et Père, fût mieux connu, plus aimé, et plus fidèlement servi dans son humble ménage.

En se mariant, Anna-Maria avait accepté sans réserve les charges et la responsabilité de ce nouvel état, les soins et les soucis qui l'accompagnent, ses joies, comme ses douleurs. Le Seigneur, de bonne heure, avait béni son union ; et, parce que Dieu est le maître de la vie et de la mort, et qu'il est libre d'associer comme il veut et quand il veut un père et une mère à l'honneur et à la charge de sa paternité souveraine, Anna-Maria reçut sept fois avec reconnaissance la bénédiction de la maternité. Trois garçons et quatre filles lui durent le jour, elle était pauvre; en multipliant le nombre de ses enfants, elle voyait diminuer la part de chacun, mais elle savait que celui qui nourrit les oiseaux du ciel ne laisse pas sans secours ceux qui se confient en sa Providence, et qu'il y a toujours du pain pour l'enfant qu'il envoie aux familles chrétiennes.

Dans les familles un peu nombreuses, il y a toujours la part du paradis : la Servante de Dieu donna la sienne. Trois de ses enfants furent cueillis comme des fleurs à leur aurore, et s'envolèrent avec leurs anges au ciel. Il lui en resta quatre, c'était encore dans son humble fortune une charge assez pesante; elle la porta avec une vertu digne de la femme forte, dont l'auteur inspiré nous a tracé dans nos saintes lettres un si beau portrait.

II

Anna-Maria fut épouse et mère dans le sens le plus large et le plus profondément chrétien de ces deux mots.

L'âme de ses enfants lui était chère, chère comme la sienne propre, chère comme le sang de Jésus qui nous a rachetés. Anna-Maria les entourait des soins les plus vigilants, elle les surveillait avec une exactitude qui allait jusqu'au scrupule, et ne leur inspirait que des sentiments nobles et élevés.

Après les avoir nourris de son lait, elle se fit leur première institutrice. Avec la doctrine chrétienne qui est la meilleure, la plus précieuse, et la seule vraie science de la vie, elle leur enseigna les premiers éléments de la lecture et de l'écriture ; puis, elle les plaça dans les écoles que la charité a ouvertes à Rome, sous les auspices de la religion, pour l'instruction des pauvres. Elle les y conduisait elle-même ; ou bien, si elle en était empêchée, elle les faisait accompagner par des personnes sûres.

Avec les leçons qui leur formaient l'esprit et le cœur, elle leur donnait ces habitudes de modestie et de pudeur qui achèvent au dehors l'éducation chrétienne. Attentive à éloigner de leurs regards et de leurs oreilles tout ce qui aurait pu troubler leur imagination et altérer leur innocence, elle ne supportait dans sa maison et en leur présence aucune de ces conversations et ces légèretés qu'on se permet en général si facilement devant les enfants. Quand elle les avait confiés à d'autres mains, ses tendres sollicitudes ne les abandonnaient pas ; et elle ne se croyait pas déchargée de sa responsabilité, parce qu'elle avait choisi de bons maîtres pour tenir sa place : une mère n'a jamais le pouvoir ni le droit d'abdiquer un seul instant ses obligations maternelles ; elle continuait de veiller sur eux, d'exiger qu'ils pratiquassent exactement, au dedans et au dehors de la maison, les devoirs qu'imposent la religion et la société.

« Grâce à la vigilance de la servante de Dieu, tous nos enfants, garçons et filles, ont eu une conduite régulière et chrétienne : les filles fréquentaient les sacrements une fois par semaine ; les garçons, une ou deux fois par mois. »

Lorsque ses enfants commettaient des fautes, et que ses sages avis ne suffisaient pas pour les remettre dans le devoir, elle savait prendre ce ton de fermeté qui convient à l'autorité maternelle, et au besoin employer les sévérités de la correction ; elle ne craignait pas de faire verser ces larmes qui sont ordinairement pour les enfants le salut de leur avenir, et pour les parents des gages de paix pour leurs vieux jours.

Quand la première éducation était achevée, elle plaçait ses garçons dans des ateliers, chez des maîtres dont elle connaissait l'esprit honnête et religieux ; elle voulait qu'ils apprissent un métier selon leur condition, afin qu'au lieu d'être à charge aux autres, ils devinssent des hommes utiles. L'un, Alexandre, apprit le métier de chapelier. L'autre, Camille, celui de coiffeur. Par les relations qu'elle avait avec des personnes de haut rang, il lui eût été facile de procurer à ses fils une position moins humble et plus lucrative, en les faisant placer dans des administrations. Mais elle ne voulut pas en entendre parler, parce qu'il ne fallait pas, disait-elle, entraver les desseins de la divine providence qui voulait que sa famille restât dans l'obscurité de sa condition. Elle n'approuvait pas cette déplorable ambition qui pousse les hommes à s'élever au-dessus de leur état, qui fait qu'on dirige l'éducation des enfants vers des emplois qu'ils ne pourront souvent pas remplir, et qui les jette ensuite, déclassés qu'ils sont, dans toutes sortes de désordres (1).

Pour éviter de mettre sous les regards de ses enfants l'ombre la plus légère du mal, elle avait soin de faire coucher ses garçons dans un lieu séparé de ses filles ; et pour mieux préserver leur innocence et leur inspirer en même temps une modestie plus sévère, chacun de ses enfants avait son lit séparé et entouré de rideaux ; elle porta sur ce point les précautions jusqu'à l'excès. Elle avait voulu que ses fils eussent un état qui leur permît de gagner leur vie ; quand ses filles eurent grandi, elle leur apprit la broderie et la couture. Pour que Sophie, sa fille aînée, se perfectionnât dans l'art de la bro-

(1) *Informatio sup. dub.*, et documents, papiers.

derie, elle la plaça chez une très honnête personne qui avait un magasin de chaussures. Elle l'envoya ensuite chez les religieuses du monastère de Saint-Denis pour se perfectionner dans la couture sur le blanc. Elle y venait le matin, y passait la journée et revenait le soir à la maison. Sophie avait une très belle voix, formée avec méthode elle aurait pu tirer parti de son talent et y trouver plus tard des ressources pour sa famille. Les religieuses lui proposèrent, si sa mère y consentait, de lui faire donner gratuitement des leçons de chant. Mais la Servante de Dieu s'y opposa formellement. « Le chant, dit-elle, est une chose de luxe qui ne convient point à des pauvres, il expose d'ailleurs à bien des dangers. Que Sophie continue à se fortifier dans la couture, afin de pouvoir plus tard bien mener une maison, c'est tout ce qu'il faut qu'elle sache et n'a pas besoin d'autre chose. » Quant à Marie, sa cadette, comme elle avait une nature très ardente, elle la garda près d'elle dans la maison, elle se fit sa maîtresse et lui apprit la couture; elle était elle-même très habile dans cet art domestique. Jalouse de la modestie et de la bonne tenue de ses filles, elle ne leur laissait pas suivre la mode à leur fantaisie. Mais convenablement vêtues selon leur condition, elle voulait qu'elles fussent toujours soit dedans soit dehors d'une propreté irréprochable.

A l'époque du mariage de sa fille Sophie, afin d'avoir le temps de tout conclure, et pour que les époux pussent se connaître, elle permit que le fiancé vînt à la maison pendant deux mois à peu près avant le mariage ; mais elle ne quittait pas sa fille dans ces circonstances, et ne la laissait jamais seule, même un instant avec lui.

La Servante Dieu savait que les jeunes personnes trouvent facilement l'occasion de se perdre en allant au marché et en fréquentant les places et les boutiques. La prudence ne lui permettait pas d'exposer ses filles à ce danger ; elle préférait aller elle-même acheter ce qu'il fallait pour le ménage ; et, si elle ne le pouvait pas, elle priait un ami de la famille de lui rendre ce service (1). C'est ainsi qu'elle mit à aider ses enfants dans l'accomplissement de leurs devoirs, une tendresse parfaite, et jusqu'à la fin de ses jours, alors même qu'elle les eut établis et mis en état de se suffire.

Si tous n'ont pas tourné aussi bien qu'elle le désirait ce n'est pas assurément de sa faute (2). Nous mettons volontiers sous les

---

(1) Louis Antonini était l'homme de confiance de la Vénérable pour les achats du ménage. On a de lui une relation qui figure dans le procès de la béatification.

(2) Les enfants d'Anna-Maria Taïgi ont toujours été honnêtes et bons chrétiens. *S'ils n'ont pas tourné aussi bien qu'elle le désirait* c'est peut-être qu'elle demandait d'eux une perfection peu ordinaire.

yeux de nos lecteurs cette phrase que nous avons extraite de la relation du confesseur de la Vénérable ; nous l'avons transcrite pour les mères chrétiennes, dans l'intention d'encourager leur foi et de soutenir leurs espérances et leurs sollicitudes. Malgré tant de soins et de précautions, les enfants d'Anna-Maria ne répondirent pas tous avec la même fidélité à son dévouement si maternel et si chrétien. Mais, après avoir accompli saintement sa tâche, elle avait élevé vers le ciel tous les gémissements de son cœur. Le salut de ses enfants fut l'œuvre de son âme et de ses vertus ; et le Seigneur voulut la consoler dans ses inquiétudes, en lui donnant l'assurance qu'aucun d'eux ne se perdrait. « Je les sauverai, lui dit un jour Notre-Seigneur, parce qu'ils sont de ton sang, parce qu'ils sont pauvres, et que les pauvres sont mes amis ; je les sauverai, quoi qu'ils aient des défauts. » C'est ainsi qu'une mère tient entre ses mains le sort de ses enfants ; ce qu'elle n'a pas pu faire par ses soins, ses conseils et ses bons exemples, elle l'achève par ses prières et par ses larmes ; c'est à cette fin que Dieu lui a donné, avec son cœur et sa foi, la noble mission de la maternité.

III

La religion a fait de la femme chrétienne l'ange du foyer domestique. Si le père représente le premier aspect de la paternité divine qui est l'autorité, la mère représente admirablement le second aspect de la paternité de Dieu qui est la bonté ; son rôle est beau et sa mission est grande, mais c'est à condition qu'elle le remplira par le sacrifice.

En effet, la fonction de la mère est d'être dans la famille le centre de l'amour et de l'union des cœurs. Qui ne comprend que cette fonction, si douce dans ses résultats, ouvre, dans la pratique, au dévouement de la femme chrétienne la voie d'une continuelle abnégation ! Qui ne sait que, pour faire régner la concorde, il faut toujours être en paix soi-même ; que, pour entretenir la bonne harmonie parmi des caractères différents, il faut ne jamais en blesser aucun ; que, pour répandre la douceur, il faut avoir toujours du miel sur les lèvres, toujours reprendre avec délicatesse, et toujours compatir avec bonté, toujours soutenir dans les moments difficiles, et toujours consoler dans les peines, toujours sourire et toujours guérir ?...

C'est, sur l'autel du sanctuaire domestique, le sacrifice journalier de la mère chrétienne, sacrifice humble, obscur, ignoré, et souvent méconnu ; et, s'il lui est permis de le porter aux pieds de Dieu dans les effusions de la prière, il ne faut pas qu'une oreille étrangère entende une plainte sortir de ses lèvres, parce qu'il n'est pas permis à une femme chrétienne, quelle que soit sa vie d'intérieur, de ne pas paraître toujours heureuse. Si donc elle consent à immoler chaque jour devant Dieu sa personnalité ; si elle persévère, malgré les luttes et les résistances, à poursuivre jusqu'au bout son dévouement généreux, sans chercher avec égoïsme ce retour d'affection dont sa nature est si ardemment avide, elle a rempli dignement son rôle de mère et d'épouse.

C'est ce que nous devons admirer dans Anna-Maria. Outre la sollicitude de ses enfants, elle rencontrait encore, dans le caractère bizarre de son mari et dans l'humeur chagrine de ses parents, ces contrariétés de chaque jour, ces peines et ces misères de tous les instants qui, par leur continuité incessante, dessèchent le dévouement et usent le courage, comme une lime ronge le fer ; elle les supporta pour Dieu avec une patience inaltérable ; et acceptant tout de sa main paternelle, elle se consacra avec une touchante humilité au service de tous les siens : l'amour sortit de ses paroles, de son travail, de ses soins, de ses souffrances, comme s'échappent les parfums embaumés de ces petites fleurs, qui sont cachées sous un modeste feuillage. Anna-Maria trouvait dans la paix domestique une douce compensation à ses obscurs dévouements.

L'obéissance est une des premières vertus de l'épouse chrétienne ; Anna-Maria avait cueilli cette vertu à l'ombre de la croix. Son mari portait sur le front le signe sacré de l'autorité divine ; humble devant Dieu, elle s'inclinait sous la volonté de celui qui était le dépositaire de ses droits ; et, quelles que fussent ses répugnances naturelles, elle acceptait par justice et par vertu ses devoirs et les charges qu'ils lui imposaient. Le signe de l'autorité divine qui commande la soumission à l'épouse chrétienne, ne brille pas toujours sur un front digne de le porter, et cette gloire qui vient d'en haut est souvent ternie par des défauts qui inspirent des répugnances et das antipathies. Anna-Maria n'oublia jamais que Dieu seul est juge de l'homme, et que sa Providence a permis ce mélange d'ombres et de lumières, de bonnes et de mauvaises qualités, pour offrir à ses enfants un exercice quotidien de toutes les vertus, et pour mettre sur leur chemin l'occasion de constants sacrifices.

Aussi, quoique bien supérieure à son mari par ses qualités naturelles, Anna-Maria ne s'en prévalut jamais pour l'humilier par des paroles dures et des airs de mépris. Quand il était grossier, elle le supportait en silence ; quand il était emporté, elle lui opposait sa douceur angélique ; quand il était bizarre, elle s'accommodait à ses caprices : elle avait plus que lui la perspicacité de l'esprit et l'entente des choses, il lui avait laissé tout le soin de la maison et la conduite des affaires ; là encore elle aimait à prendre ses conseils : « Quoique je lui eusse donné pleine liberté pour les dépenses, a déposé Taïgi lui-même, elle voulait avoir mon avis avant de commencer quelque chose d'extraordinaire. » Enfin, elle l'accueillait toujours avec une aimable affabilité et une sainte gaieté, et le servait comme une domestique, en lui témoignant une affection surprenante, et surtout en cas de maladie.

« Il m'est arrivé plusieurs fois, dit-il, en rentrant pour me changer de trouver la maison remplie. Aussitôt elle laissait tout le monde, quel que fût le seigneur ou le prélat qui se trouvait là, et elle s'empressait d'accourir pour m'essuyer et me servir avec affabilité et contentement ; l'on voyait qu'elle le faisait de tout son cœur, jusqu'à vouloir arranger le cordon de mes souliers. Bref, elle était ma consolation et celle de tout le monde. Elle savait aussi avertir charitablement, et je lui dois de m'être corrigé de quelques défauts ; elle donnait ses avertissements avec une bonté et une charité incomparables. »

IV

Ce que l'obéissance imposait à la Servante de Dieu de respect et de soins pour son mari, la déférence et la charité le lui commandaient pour les autres membres de sa famille.

« Par rapport au respect envers son père et sa mère, je dépose que ma femme eut pour eux tout le respect et toute l'affection possibles. Son père, qui avait été jeté de l'aisance dans une grande misère, venait souvent chez la Servante de Dieu pour avoir des secours ; avec ma permission, elle lui donnait à manger quelqu'une des choses qu'il aimait, et même quelques sous pour acheter ce qui lui faisait plaisir ; par fierté de caractère, il se montrait peu reconnaissant de ces soins.

En ce temps-là, Rome était au pouvoir du directoire et Pie VI, dépouillé de ses États, était allé mourir à Valence. Ces tristes événements avaient rempli la ville de terreur ; les transactions sociales avaient cessé, les ressources diminuèrent et bientôt, le pain manquant, elle fut réduite à une véritable disette. La maison des Taïgi se ressentit de cette gêne qui régnait partout. Forcé de diminuer ses dépenses, le prince

Chigi avait prévenu Dominique qu'il ne le paierait plus et lui donnerait seulement un plat de sa table s'il voulait rester à son service. Anna-Maria ne se laissa point abattre par cette épreuve, elle redoubla de travail, d'effort et de prières. Mais ce qui affligeait bien péniblement son cœur, c'était le triste état dans lequel son père se trouvait. Giannetti avait vieilli. Aigri par le malheur, il était devenu inquiet, sournois et irritable au dernier point. Ne voulant plus travailler, il avait quitté avec sa femme son service au palais Macarini, ils se trouvaient par conséquent sans ressources. Anna-Maria si tendre, si dévouée, ne pouvait pas laisser son père et sa mère dans une situation si déplorable, quoiqu'ils en fussent les auteurs. Malgré la gêne dans laquelle se trouvait sa famille, elle obtint de son mari de les prendre dans leur ménage et de partager avec eux le fruit de leur travail. Tout heureuse, elle porte à Giannetti cette bonne nouvelle, mais quelle n'est pas sa déception? Son père refuse; elle presse, il s'obstine, et il repousse d'une humeur chagrine les avances si bienveillantes de sa fille. Cependant, à force de patience et de tendresse, elle obtient qu'il viendra de temps à autre prendre chez elle quelques repas. Ce fut un grand surcroît de travail pour la Servante de Dieu parce qu'elle allait le soigner chez lui; quand ses infirmités augmentèrent, elle vivait dans une anxiété continuelle. « Dans les dernières années de sa vie, il fut atteint d'une affreuse lèpre ; la Servante de Dieu n'eut un peu de repos que lorsqu'elle eut obtenu pour lui une place à l'hôpital Saint-Jean. Elle le visitait souvent, elle le lavait, le peignait, avec la plus grande patience, elle lui fit tout le bien qu'elle put ; lorsqu'il tomba plus gravement malade, elle l'assista aussi selon tout son possible, elle lui fit administrer les sacrements, et après sa mort, elle fit dire des messes et des chapelets en commun pour le salut de son âme (1). »

« Elle remplit les mêmes devoirs envers sa mère que je pris dans la maison, et dont le caractère bizarre exerça souvent la patience de ma pauvre femme. Il semble que Dieu lui avait donné des parents ainsi faits pour mettre sa patience à l'épreuve ; elle assista sa mère, pendant bien des années, avec un respect et une affection incomparables. Elle lui donnait les choses les plus délicates qu'elle pouvait avoir, lui témoignait de la compassion, l'encourageait, et faisait tout, en un mot, pour la contenter, quoiqu'elle ne manquât de rien. Enfin lorsqu'elle tomba malade, ma femme s'empressa de lui faire administrer les sacrements, ce qui était une de ses premières pensées en cas de maladie ; après sa mort,

______

(1) Procès déposé de son mari.

elle voulut garder le corps et remplir les mêmes devoirs de charité qu'envers son père (1).

La mère de la Servante de Dieu avait été accueillie dans la maison par toute la famille avec la plus grande amitié et le plus bienveillant respect. On la comblait de prévenances, on lui prodiguait les soins les plus tendres, ce qu'il y avait de meilleur était toujours pour elle, et les portions que Dominique apportait de la table des Chigi lui étaient toujours réservées. Toutefois son séjour n'y apporta pas la joie. Comme Giannetti, elle avait, en vieillissant, laissé grandir les défauts de son caractère; elle était devenue dure, babillarde, hautaine, elle qui autrefois, quoique d'une humeur difficile, avait un cœur sensible et bon, semblait l'avoir fermé à toute compassion. N'aimant pas à rester enfermée, elle se tenait sur la porte de la maison, et elle était dans tous les commérages du quartier parlant de tout et de tous sans discernement; Anna-Maria, qui avait mis chez elle un ordre si parfait et une si bonne tenue, voyait avec une vive peine dans sa mère ce laisser-aller peu convenable qui pouvait lui attirer du désagrément. Elle crut de son devoir de lui en dire un mot, ce qu'elle fit avec toute la douceur et le respect dont elle était capable. Sa mère prit très mal sa modeste observation; et d'un

(1) Procès déposé de son mari.

ton maussade et malveillant : *Laisse-moi,* lui dit-elle, *tu m'ennuies, je veux faire à ma fantaisie.* « *Non mi seccare, voglio fare al mio commodo* (1). » Devant cette sortie violente, la Servante de Dieu se tut humblement, aucune parole ne sortit de sa bouche; aucune émotion ne trahit au dehors la peine qu'elle pouvait en ressentir. C'était sa mère, cela suffisait. C'est ainsi que se gouvernant elle-même dans l'humilité et la charité, maîtresse de tous les mouvements de son âme, elle ne se départit jamais de cet esprit de patience qui supporte tout dans une imperturbable douceur.

« Par son admirable prudence, elle sut faire régner une paix céleste dans la famille, quoique nous fussions nombreux, avec des caractères bien différents, surtout lorsque Camille, mon fils aîné, demeurait avec nous, dans les premiers temps de son mariage. Ma belle-fille était d'une humeur assez difficile, parce qu'elle voulait commander en maîtresse; mais la Servante de Dieu savait si bien contenir tout le monde dans les limites voulues et avec tant d'affabilité, que tout ce que je pourrais dire serait peu de chose. Je ne sais pas m'expliquer; ses manières produisaient un charme qui obligeait irrésistiblement à faire ce qu'elle voulait toujours pour le bien de la

____

(1) Proc. apost.

sainte paix et de la famille; je la laissais gouverner, parce que je voyais qu'elle s'en acquittait parfaitement.

» Quand quelqu'un était ému, elle ne disait rien, pour attendre qu'on se fût calmé; puis, elle faisait tout doucement réfléchir, et donnait de bons avis d'humilité et de patience. Ces petites altercations étaient rares, parce que ma femme était si prudente que, dès qu'elle s'apercevait de quelque léger différend entre l'un ou l'autre, et surtout sa vieille mère ou sa belle-fille, elle s'empressait d'étouffer la querelle avec une bonté qui cimentait encore plus la paix et la bonne entente. Il m'arrivait assez souvent de rentrer fatigué, triste et de mauvaise humeur; elle avait le talent de me tranquilliser par son affabilité. Bref, elle savait fort bien se taire et encore mieux parler au besoin. »

V

Sa douceur embrassait aussi les filles de service, quand les besoins du petit ménage demandaient leur concours; elle les regardait comme des membres de sa famille, et sur elles aussi elle étendait ses bontés, et les traitait comme des sœurs. « Elle remplit aussi tous les devoirs de justice envers les filles de service, tant au spirituel qu'au temporel. Elle avait une domestique et une aide pendant sa maladie. Elle leur rappelait l'obligation de fréquenter les sacrements et leur accordait tout le temps d'assister à la messe et au sermon, et de faire d'autres dévotions. Pour la nourriture, elle les traitait avec sa charité et son affection ordinaires ; elle leur faisait même de petits présents, afin de les encourager. Craignant qu'elles ne souffrissent de la nourriture quand elle était malade, elle voulait les voir manger devant elle. Quand elle n'était pas retenue au lit par la maladie, elle leur donnait elle-même le déjeuner de bonne heure ; à dîner, elles avaient une bonne portion de tout ce qu'on servait, et c'était plus que suffisant. Elle les instruisait de la religion, et les conduisait assez souvent avec elle à la messe les jours de fêtes ».

Dieu bénissait le dévouement d'Anna-Maria pour les siens, et sa bonté la récompensait même quelquefois par des faveurs signalées.

« Je me souviens que Peppina, fille de Sophie, se fit mal à un œil ; les chirurgiens dirent que la pupille était déchirée, et ils désespéraient de la guérison, à cause de l'inflammation qui devait nécessairement s'y trouver avec danger de perdre l'autre œil. La Servante de Dieu fit le signe de la croix avec l'huile de sainte Philomène, mit la main sur la tête de l'enfant, et l'envoya au lit.

Peppina dormit très bien sans ressentir de douleur ; et, le lendemain matin, l'œil était si parfaitement guéri qu'elle put aller à l'école des pieuses maîtresses de Jésus. Le chirurgien ne pouvait pas le croire, il voulut faire plusieurs expériences pour s'assurer si elle voyait. Cette guérison miraculeuse, qui fut radicale, eut lieu pendant l'hiver, lorsque la rigueur de la saison aurait dû la rendre plus difficile.

» Je me souviens aussi que, dans une matinée d'hiver, je fus surpris d'un grand malaise dans l'église de Saint-Marcel ; à peine de retour à la maison, je perdis connaissance et l'on me dit ensuite que cela avait été (Dieu nous en préserve !) une convulsion apoplectique, pour ne pas dire une attaque. En reprenant connaissance, sans me souvenir de rien, je trouvai, près de mon lit, le curé et ma femme, qui tenait sa main sur mon front, et priait la sainte Vierge pour moi. Ce fut un vrai miracle de pouvoir triompher du mal, sans aucune lésion, particulièrement à la tête, et je n'ai aucun doute que la Servante de Dieu ne m'ait obtenu cette guérison prodigieuse et instantanée. Je sais que le bon curé, ne sentant plus mon pouls, m'avait donné l'absolution ».

VI

La maison d'Anna-Maria était réglée comme une communauté : tout s'y faisait avec ordre, à son temps et à son heure ; les exercices religieux avaient leur bonne part ; et, comme il est convenable, ils marchaient en première ligne.

Anna-Maria, qui puisait dans ses rapports avec Dieu sa foi, son courage et son dévouement, ne négligeait aucune occasion d'inspirer à tous les siens le zèle pour puiser à cette source sacrée. Elle voulait aussi que Dieu, maître et père, reçût chaque jour publiquement, dans sa famille, les adorations, les hommages qui sont dus à sa majesté. Le matin, la pieuse mère réveillait ses enfants, en invoquant à haute voix auprès de leur couche les saints noms de Jésus et de Marie, et, dès qu'ils étaient habillés, la prière était la première action de la famille ; ils allaient tous ensemble s'agenouiller aux pieds du Seigneur, le remercier et le bénir, et lui demander, pour la journée qui s'ouvrait, les secours de sa bonté, les bénédictions du travail, la grâce contre les dangers, et la force dans les épreuves.

Quand les affaires le permettaient et que les

soins de la maison donnaient quelques loisirs, on allait entendre la sainte messe dans la matinée, à tour de rôle, et dans la soirée on allait à l'adoration des quarante heures. On faisait une visite au Saint-Sacrement, une prière à quelque sanctuaire vénéré, au saint dont on célébrait la fête, et tour à tour, tantôt l'une, tantôt l'autre, les filles accompagnaient leur mère dans ces pieux pèlerinages qui étaient l'objet de ses dévotions.

Puis, quand la nuit ramenait tout le monde au logis, après le souper de famille, la lecture d'un pieux ouvrage, plus souvent la vie des saints, faisait le charme de la soirée ; des entretiens religieux étaient la récréation de la famille, réunie autour de la mère ; c'est là surtout que celle-ci laissait aller sa parole avec son cœur, pour rappeler à ses enfants la grâce de leur baptême et les autres bienfaits du Seigneur, leur dire leurs devoirs et le bonheur de servir Dieu. Elle leur racontait aussi les pieuses instructions qu'elle avait entendues dans la soirée, dans les visites aux sanctuaires de la ville. Et c'était un charme que ces réunions quotidiennes, où chacun se reposait des fatigues du jour et parlait à son aise, dans la liberté de son cœur et dans la naïveté de ses pensées, de la religion et de la vertu.

Charmantes réunions de la famille, qui restent toujours au cœur comme son meilleur souvenir et le plus doux parfum de son passé !

Puis, après la conversation et la lecture, de nouveau avant le repos de la nuit, la prière réunissait devant l'oratoire domestique et sous le regard tutélaire de Notre-Dame de la Pitié, la mère, les enfants et tout le monde de la maison ; et la prière recueillie se prolongeait dans la récitation du saint rosaire et dans l'invocation des saints protecteurs.

« Elle avait une infinité de saints protecteurs et de saintes protectrices, qu'elle invoquait après avoir dit le rosaire en commun ; elle priait pour le Saint-Père, pour les cardinaux, pour tous les prêtres, pour les bienfaiteurs, pour la conversion des pécheurs, pour la conversion des hérétiques, pour les malades, pour l'exaltation de la sainte Église, pour tout le monde, pour les vivants et les morts, et même pour les mauvaises langues ; toutes ces prières se faisaient le soir en commun, et cela me semblait un paradis ».

Après la prière, chacun gagnait sa modeste couche ; et, quand les enfants étaient dans leur lit, la pieuse mère allait leur faire une dernière caresse, leur adresser un petit reproche ou leur donner un doux encouragement ; et puis, quand elle les avait laissés dans une attitude modeste, elle les recommandait à leur bon ange, les bénissait avec respect et jetait sur eux de l'eau bénite, comme pour les couvrir d'une céleste protection.

VII

C'était l'ordre des jours ordinaires ; pour les dimanches et les fêtes, on ajoutait à ces pieuses pratiques la fréquentation des exercices religieux qui se faisaient dans les églises : la pieuse mère choisissait volontiers, sur le soir, quelque sanctuaire éloigné de son domicile pour procurer de cette manière une promenade agréable à ses enfants, tout en nourrissant leur piété.

« Au sujet de la sanctification des fêtes, ma femme montrait une exactitude incomparable : les jours ordinaires, elle travaillait, lavait et faisait tout le ménage avec une activité qui aurait pu fatiguer quatre personnes ; mais, les jours de fête et le dimanche, elle s'abstenait de toute œuvre servile : elle employait son temps à prier, à se faire lire des livres de piété, elle entendait plusieurs messes ; quand les enfants étaient de retour du catéchisme de la paroisse, elle les conduisait dans les églises, le plus souvent à la Minerve, pour assister au sermon du Rosaire et à la bénédiction. Dans le cours de la journée, elle ne faisait que le strict nécessaire, c'est-à-dire, les lits et la cuisine ; elle veillait à ce que les fêtes fussent sanctifiées par tous les membres de la famille.

» Lorsque j'avais un peu de liberté, nous allions ensemble à la sainte bénédiction avec la famille ; le soir, nous allions bien des fois aux quarante heures où le Saint-Sacrement était exposé : c'étaient là nos délassements ».

La famille ne connaissait aucun des divertissements bruyants, si communs dans le peuple de Rome à certaines époques de l'année. Toutefois lorsque son mari témoignait le désir d'aller prendre un peu de récréation avec les enfants et voulait qu'elle fût de la partie, elle consentait gaiement à les suivre.

« Par complaisance pour ses filles, elle les conduisait quelquefois à la promenade ; elles allaient visiter quelque église, et faisaient ensuite un petit goûter de châtaignes et d'un peu de vin. Elle en prenait pour leur faire plaisir. Une de ces parties ayant eu lieu le vendredi, la pieuse femme en reçut des reproches de son céleste époux, à cause que ce jour est consacré au souvenir de la Passion. Depuis lors cette famille chrétienne s'abstint ce jour-là de sa petite récréation ».

Cependant la vie surnaturelle n'avait pas fait perdre à Anna-Maria les agréments de son caractère : si elle tempérait par une dignité et une réserve chrétiennes les saillies de sa bonne humeur et de son enjouement, elle ne lui ôtait rien de sa grâce et de son affabilité ; sa dévotion était aimable et pleine d'attraits.

« Elle parlait de Dieu et des choses saintes, sans devenir ennuyeuse comme le sont certaines dévotes qui veulent parler toujours d'elles-mêmes et de leur piété, afin de faire parade de leur dévotion. Elle s'adaptait à tous les discours honnêtes, indifférents, elle riait des plaisanteries que l'on disait quelquefois à table ; mais elle était si prudente, qu'elle savait faire tourner insensiblement la conversation aux choses de Dieu, et nous étions pris sans nous en apercevoir ».

Si Anna-Maria savait plier sa piété de bonne grâce à la gaieté de la conversation, elle savait la mettre tout entière au service des siens, quand la paix de la famille ou la maladie le demandait. Alors elle n'hésitait pas, quel que fût son règlement, à sacrifier ses exercices religieux, même ses communions. « Si quelqu'un de la famille tombait malade, elle lui prodiguait ses soins en laissant même au besoin la messe et les dévotions ».

VIII

Après les exercices religieux qui avaient dans la famille le premier rang, comme il convient, venait le travail qui occupait la plus grande partie du temps : le travail est la fortune du pauvre.

Anna-Maria, jetée dès l'enfance par le malheur entre les bras de l'indigence, avait de bonne heure accoutumé ses mains à la peine, et elle avait accepté avec résignation la loi qui veut que l'homme mange son pain à la sueur de son visage. Depuis son entrée dans la vie surnaturelle, sa résignation avait grandi, et son courage s'élevait chaque jour à de nouvelles hauteurs ; elle avait compris que, si la Providence avait permis, aux jours de son enfance, le renversement de la fortune de son père, si sa main l'avait conduite à Rome pour lui faire dans l'obscurité de cette grande ville une part humble et laborieuse, c'était parce que des grâces de salut étaient attachées à ses desseins, et que ce chemin rude et semé d'épines, était celui qui devait la conduire plus sûrement à la sanctification ; cette lumière que lui donnait la foi, lui montrait comme consacrés par la volonté de Dieu, sa vie, son travail et ses épreuves. L'humble Servante du maître baissa la tête avec amour ; et, dès lors, dans son esprit, plus d'inquiétudes ; dans son cœur, plus de plaintes ; sur ses lèvres, plus de murmure ; la sainte volonté de Dieu pacifiait toutes les agitations, calmait tous les orages, rendait sereins les plus mauvais jours ; et, dans son frêle esquif, Anna-Maria se livrait sans crainte aux flots amers de la vie, dans la paix de sa confiance.

La vie surnaturelle, qui mettait si admirablement Anna-Maria sous la main du Seigneur, avait fermé son âme à toutes les ambitions de la terre, à ces rivalités jalouses, à ces désirs avides qui naissent si facilement au cœur des déshérités de la fortune. Dieu la voulait pauvre : elle voulut rester pauvre, elle voulut que ses enfants fussent pauvres comme elle. Cette femme extraordinaire avait vu dans les intuitions de sa foi que la plus haute vertu est dans la plus profonde soumission ; et que l'homme, quel qu'il soit, doit toute son obéissance au Maître Suprême, qui fait selon son vouloir les soleils aussi bien que les grains de poussière.

La sainte maison de Nazareth, où Jésus, notre bon Sauveur, a vécu trente ans d'une vie obscure et laborieuse, était constamment présente à sa pensée ; elle s'efforçait de former la sienne sur ce type idéal, elle voulait imiter les sublimes leçons de Jésus obéissant et soumis, de Marie humblement cachée, de Joseph le modèle achevé de l'ouvrier et du pauvre ; elle les suivait avec sa foi et sa prière. Sa piété la tenait comme au milieu d'eux ; et sa tenue modeste, son recueillement intérieur, son silence doux et ferme, indiquaient bien que le travail d'Anna-Maria se faisait sous l'œil de Dieu. On ne la voyait point aller et venir précipitamment çà et là ; elle n'avait ni ces empressements intempestifs, ni ces flots de paroles inutiles, qui sont si communs chez les femmes dans leur ménage ; aucune de ces brusqueries, de ces éclats de rire, de toutes ces choses qui indiquent clairement l'absence de la présence de Dieu et de la mortification intérieure.

Sous son humble toit, comme sous celui de Nazareth, le travail donnait la main à la prière, et la prière suivait partout le travail. Elle priait, assise, une aiguille à la main, raccommodant le linge de son mari et de ses enfants. Elle priait, allant et venant pour faire les lits, approprier les chambres, balayer la maison, préparer le ménage. Assurément c'était simple, de la plus grande simplicité, petit jusqu'à la bassesse ; Mais Dieu qui regarde, non le dehors des choses, mais le dedans des cœurs, mettait ses complaisances dans le cœur de cette femme obscure ; et, de sa pauvre maison, sortait un esprit de vie, un feu, une âme qui portait au loin le salut ; un parfum, un encens qui pénétrait le ciel, embaumait la terre, sauvait les âmes et attirait les bénédictions.

« Son existence, dit un témoin de ses vertus, fut grande et utile, non seulement pour elle-même et pour les siens, mais aussi pour l'Église et pour la société. Elle offre un parfait modèle de sainteté dans l'état du mariage et de la vie chrétienne dans le monde. Cette femme vraiment grande et forte consacra sa vie à l'amour de prochain. »

Son mari traduit à sa manière, dans la simplicité de son langage, la parole de l'Écriture sur le prix de la femme forte : *procul et de ultimis finibus pretium ejus.* « C'était une femme incomparable pour toutes ses bonnes qualités. Je suis vieux ; mais, si j'étais jeune et que je voulusse parcourir le monde entier pour trouver une femme semblable, il serait impossible de la rencontrer ; j'ai perdu un grand trésor. »

C'est ainsi qu'au lieu de détruire dans l'âme humaine les sentiments que la nature inspire, et les nobles instincts qui sont le mobile et le progrès de sa vie, la grâce les ennoblit et les perfectionne. Comme la greffe sur l'arbre sauvage, elle féconde une sève impuissante, et lui donne de porter des fleurs et des fruits ; si elle trouve sous sa main la vivacité du génie, elle produit saint Augustin et saint Thomas ; si c'est la tendresse de l'âme, elle donne au monde saint François de Sales et saint Vincent de Paul ; lorsqu'elle rencontre le courage et la force de caractère, elle enfante saint Paul et saint François Xavier ; et, de la pureté des mœurs unie aux charmes du jeune âge, elle fait naître saint Stanislas de Kostka et saint Louis de Gonzague. Ainsi, avec la grâce, les qualités deviennent des vertus ; la beauté morale se transfigure dans la beauté surnaturelle, et l'héroïsme s'achève et se complète dans la sainteté. Anna-Maria, sans la grâce et sans sa généreuse correspondance à la grâce, serait restée mère de famille, comme le sont en si grand nombre les femmes de sa condition. Malgré ses instincts élevés et son noble et grand caractère, si elle n'eût pas résisté aux penchants qui la dominaient, les germes précieux que le ciel avait semés en elle n'auraient pu ni croître, ni mûrir ; et, elle n'eût laissé aucun vestige de son passage ici-bas. Mais, par sa vie surnaturelle, elle a si admirablement rempli ses devoirs d'épouse et de mère, qu'elle a laissé au sein de la génération qui vécut avec elle, une mémoire sans tache ; et, parmi les femmes chrétiennes, un des plus beaux modèles des vertus domestiques que nous offrent les annales de la sainteté.

8.

LIVRE IV

I

La Providence, qui avait placé Anna-Maria dans une condition basse et obscure, avait cependant sur elle des desseins particuliers et lui réservait une haute mission. Aussi, dès que la pieuse Servante de Dieu se fût livrée sans réserve à la conduite du Saint-Esprit, le moment ne se fit pas attendre où la main du Seigneur, élevant plus haut ses pensées et son cœur, l'introduisit dans la vie universelle.

La vie universelle embrasse le monde moral tout entier. Une femme sans instruction, simple, pauvre, oubliée, entrait dans ce mouvement général des choses et des hommes qui est la marche de l'humanité ; sans autre science que celle de la prière, sans autre force que celle des saints désirs, elle se mêlait à ces vicissitudes qui emportent dans le bien ou dans le mal les générations à leur destinée éternelle, comme le courant des fleuves leurs flots dans les profondeurs de l'Océan.

C'est au Calvaire que le monde moral trouve son point d'appui. C'est Jésus seul, et Jésus crucifié, qui a ramassé des quatre vents du ciel, dans l'unité de son corps mystique, les membres épars de la famille humaine, et qui a cimenté par son sang leur véritable amour, leur force et leur salut. Anna-Maria, à genoux au pied de la croix, suivait avec une âme inquiète et un cœur attentif, le sang du Sauveur coulant de ses plaies sur son siècle et sur l'âme de ses contemporains. La vue de ce sang répandu allumait dans son cœur ce feu sacré qui sort du cœur de Jésus ; et ce feu sacré faisait à Anna-Maria une âme apostolique ; la charité de son Sauveur la pressait de continuelles angoisses et l'animait du zèle de sa maison, du zèle de la gloire de son père et du salut de ses frères. Avec le cœur des apôtres et comme eux, elle s'écriait dans le silence et là ferveur de la prière : « Quelle est dans mon frère l'infirmité qui ne soit mon infirmité ?... Quelle est sa faiblesse qui ne soit mon épreuve !... Et sa blessure qui ne soit mon tourment ?...

Or, en ce temps-là, les âmes en grand nombre étaient très douloureusement atteintes et blessées. Le monde traversait une de ces crises profondes, radicales, qui, sur les débris qu'elles amoncellent, semblent accumuler pour le présent des désordres sans issue, et pour l'avenir des tempêtes séculaires. Après un demi-siècle passé dans les folies du crime et dans les débauches de la science, ceux qui s'étaient faits les chefs et les guides des peuples étaient livrés à un esprit d'erreur et d'impiété. Apôtres d'une singulière espèce, ils prêchaient, disaient-ils, l'Évangile des temps nouveaux ; et bientôt, leurs doctrines désolantes produisant leurs fruits amers, on vit Dieu chassé de ses temples, ses autels profanés, ses sanctuaires renversés, le chef de l'Église persécuté, le sacerdoce avili, décimé, tous les principes et tous les droits foulés aux pieds, l'Europe entière ravagée par la guerre, pleine de sang et de ruines. C'était l'heure des larmes, de la prière et de l'expiation. La rédemption se fait toujours par la croix. Au pied de la croix, de pieuses et saintes victimes de l'amour divin unissaient leurs souffrances et leurs immolations aux immolations et aux souffrances du Sauveur du monde ; et, parmi elles, la vénérable Servante de Dieu, dont nous disons les vertus. Anna-Maria était une de ces âmes-hosties que la grâce marque au front pour le sacrifice. Une voix céleste lui avait annoncé sa mission réparatrice : « Je t'ai choisie, disait la voix, pour te mettre au rang des martyrs..... ta vie pour le soutien de la foi sera un long martyre. »

Une autre fois, c'était le jour même que la vénérable Servante de Dieu revêtait l'habit de pénitence des Tertiaires de la Sainte-Trinité, elle entendit après la communion le Sauveur lui dire : » Ma fille bien-aimée, viens près de moi ; je veux te faire sentir ma douceur, et combien ceux qui m'aiment me sont agréables. Je te destine à convertir des âmes et à consoler des personnes de tout rang et de toute condition... Tu auras à lutter contre des âmes fausses et perfides, tu peux t'attendre à être tournée en dérision, insultée, méprisée, accablée d'injures, tu supporteras tout pour mon amour..... »

Anna-Maria répondit à son divin Sauveur : « O mon Dieu ! qui choisissez-vous pour cette œuvre ? Je suis une misérable créature qui ne suis pas digne de fouler la terre. « Et, disant ces mots, elle pleurait abondamment, et son âme se répandait en soupirs et en sanglots. « Je le veux ainsi, » lui dit le Sauveur. » C'est moi qui te guide par la main comme un agneau ;

et tout ce que je te dis s'accomplira (1). »

II

Le martyre annoncé ne se fit pas longtemps attendre, et Dieu se mit aussitôt à l'œuvre. La souffrance est ici-bas le creuset de l'amour ; c'est de ce creuset qu'il jaillit, et qu'il devient tout-puissant sur le cœur de Dieu et sur le cœur des hommes. Anna-Maria était appelée à l'apostolat qui convient à son sexe, apostolat humble et caché qui se fait par la charité, mais par la charité élevée à sa plus haute puissance dans les ardeurs du sacrifice. Sa générosité avait répondu à l'appel de son Dieu. Ne pouvant pas donner un libre cours à son zèle dans la prédication de la foi et dans la conversion des âmes, par le ministère de la parole, elle avait demandé qu'il lui fût donné de prendre part aux douleurs et à la passion de Jésus, de mêler ses larmes à ses larmes,

(1) La mission providentielle d'Anna-Maria offre beaucoup d'analogie avec celle qui fut donnée, à diverses époques, à plusieurs saintes âmes qui furent des instruments de conversion et de salut pour un grand nombre de personnes. On peut citer sainte Rose de Viterbe, sainte Marguerite de Cortone et plusieurs autres, et tout spécialement la vocation de sainte Catherine de Sienne.

et son sang au sang qui a coulé pour le salut du monde. Le Seigneur répondit à ces nobles désirs par ces grâces amères, qui jettent l'âme dans des régions voisines de la mort, l'attachent à la croix et sont une goutte de ce calice de Gethsémani, dont le Sauveur disait : *Père, si c'est possible, qu'il passe loin de moi.*

Et alors ce furent des souffrances cruelles, des maladies aiguës, des douleurs étranges et inexpliquées ; venaient ensuite les tourments de l'âme, des tentations de toutes sortes, des craintes, des abattements intérieurs, des défaillances, des désolations, des déchirements et toutes les souffrances de l'agonie. Les démons à leur tour, se mettant de la partie, la poursuivirent avec rage et lui suscitèrent des mépris, des calomnies et des persécutions ; de sorte que, à l'image de l'homme des douleurs, elle était blessée dans tout son être et meurtrie depuis le sommet de la tête jusqu'à la plante des pieds.

Écoutons encore les dépositions des témoins :

« Alors les consolations célestes disparurent comme un éclair et laissèrent à leur place la sécheresse, la peine et le travail. Aux larmes de la componction succéda l'aridité la plus désolante ; aux joies célestes succéda le tourment ; à la suavité, la tristesse ; à la dévotion douce et tendre, le plus accablant ennui. Son âme passa rapidement des splendeurs du jour aux ténèbres

les plus épaisses de la nuit; des demeures for-
tunées de la plus brillante cour, elle fut préci-
pitée dans la plus obscure prison; et d'un jardin
délicieux, sur le sable le plus aride et le plus
désert.

» Qui pourrait décrire les nuits qu'elle passait
seule dans sa petite chambre? Elle ne trouvait
dans la prière que la plus désolante sécheresse;
quoique tournée vers le ciel pendant bien des
heures, soupirant après son bien-aimé, elle le
cherchait de tous côtés et l'appelait en tout lieu,
afin qu'il consolât son cœur et en remplît le vide;
mais le ciel était comme de bronze pour elle; les
pleurs auraient pu adoucir son douloureux exil:
les larmes lui étaient même refusées; elle devait
se résigner à la volonté divine en buvant à petits
traits le calice des plus cruelles amertumes sans
adoucissement ni secours!... »

« Le riche opulent qui passe subitement des
splendeurs de la fortune à la plus abjecte indigence, souffre plus que le malheureux qui a toujours connu la pauvreté, parce que les habitudes
passées, et le souvenir des biens qui ne sont
plus, rendent plus difficiles à supporter les dures
privations du présent. C'est l'image de la douloureuse position qui fut faite à la Servante de
de Dieu, lorsque, expulsée du délicieux palais où
elle avait goûté pendant plusieurs années les
plus ineffables consolations, elle se trouva tout à

coup semblable à un prisonnier jeté dans un cachot obscur, chargé de chaînes, et respirant un air infect. Bien des fois des soupirs et des larmes s'échappaient de son cœur au souvenir du temps où le divin époux lui donnait des preuves de sa tendresse ; et sa pauvre âme privée de ses bontés, écrasée comme sous le plus dur et le plus pesant esclavage, croyait être et vivre dans un coin de l'enfer ; ou, pour mieux dire, c'était une agonie continuelle sans jamais atteindre le terme de ses maux ni la dissolution de la mort. »

III

« Cependant Dieu, en la traitant avec rigueur, ne lui retira pas les autres dons célestes et les lumières surnaturelles dont elle était était gratifiée ; mais ces lumières et ces dons n'étaient d'aucun soulagement à la terrible désolation intérieure qui l'accablait, et son cœur desséché n'éprouvant plus l'expansion de l'amour à laquelle il était entraîné, cherchait en vain dans son affreux désert, comme le cerf dévoré par la soif, la source rafraîchissante qui fuyait devant elle. Son divin époux lui laissait ses dons et ses lumières pour augmenter les mérites de son amour souffrant ; comme Dieu, dans un sens diamé tralement opposé, laisse aux anges rebelles, en punition de leur orgueil, l'intelligence et les connaissances qui augmentent les tourments de leur misérable état. La lumière du soleil produit sur le cœur du prisonnier le même effet que produisait sur l'âme de la Servante de Dieu la lumière surnaturelle : tandis que sa clarté embellit la nature et console l'œil de l'homme, elle lui révèle l'horreur de sa position, la pesanteur de ses chaînes, la profondeur de son cachot, l'épaisseur des murailles et des barreaux de fer qui le tiennent captif. Mieux vaut pour lui l'obscurité complète de la nuit, parce qu'au moins son attention n'est pas attirée sur son infortune (1). »

« Outre ses désolations intérieures, elle vit redoubler dans cet état les tribulations de tout genre, qui la tenaient sur la croix et qui exigeaient une plus grande vertu : tristesses, inquiétudes, maladies, contradictions, insultes, calomnies, misères, mépris, abandon de tout le monde. Ce n'est qu'avec de grands efforts qu'elle se rendit indifférente à tout, détachée de tout. Toutes ces souffrances n'arrêtaient pas sa générosité pour s'offrir volontairement à Dieu ; au contraire, elle redoublait ses offrandes selon les besoins publics ou ceux des personnes qui recouraient directement ou indirectement à son

______

(1) Relation du cardinal Pédicini.

intercession; elle s'offrit pour les plus malheureuses créatures, esclaves, prisonniers condamnés à mort, pour la conversion des pécheurs et la cessation des fléaux dont la justice divine menaçait le monde, et en particulier notre ville de Rome. Connaissant les révolutions qui menaçaient la sûreté de l'Église, et les horribles et sanguinaires projets des sociétés sécrètes, elle priait, sans se ralentir, avec une incomparable ferveur et une héroïque charité. »

« Telle était et a été jusqu'à la fin de sa vie la douloureuse et triste position de la pieuse femme. Victime de l'amour de Dieu et du prochain, elle souffrit des choses vraiment inexprimables; et, si Dieu ne l'eût soulagée de temps à autre, il n'eût pas été possible, ainsi qu'elle l'a dit elle-même, de supporter un martyre qui n'a fait qu'augmenter jusqu'à sa mort. C'est pourquoi, après lui avoir fait boire jusqu'à la lie le calice d'amertume, son divin époux la consola quelquefois; il lui dit un jour: « Tes souffrances sont inexprimables; je veux qu'on les écrive; malgré tout ce qu'on lira, on ne pourra jamais comprendre le tourment de ton âme; mais moi, j'écris tout en lettres d'or, et ce n'est qu'au ciel qu'on pourra connaître ton amour souffrant; c'est là qu'il sera récompensé, et que sera couronnée la patience de ton volontaire et long martyre. C'est pour cela que je t'ai dit plus d'une fois que je t'ai élue pour être du nombre des martyrs, et que tu dois avoir un grand martyre (1). »

IV

« Aux peines et aux angoisses de l'âme se joignaient les souffrances et les tourments du corps. Le Seigneur avait conféré des dons surnaturels à chacun de ses sens, il voulut qu'ils fussent tous crucifiés pour son amour.

» En effet, la pieuse femme souffrait continuellement de maux de tête extraordinaires qui augmentaient encore d'intensité le vendredi, surtout pendant les heures de la passion du Sauveur; ils étaient tellement violents qu'elle était obligée de se mettre au lit; et, lorsque les circonstances ou les exigences de la maison la forçaient à continuer son travail, le mal était alors si fort que, malgré sa vertu et son énergie naturelle, ses larmes coulaient par torrents. Ses yeux étaient comme percés d'épines et ne pouvaient supporter, sans de vives douleurs, la lumière du jour. Ses oreilles souffraient d'un rhumatisme aigu, qui était presque continuel; la

____

(1) Relation du confesseur.

pauvre femme devait avoir la tête presque toujours couverte et serrée. Outre les privations volontaires qu'elle s'imposait dans l'usage de la nourriture, comme nous l'avons raconté plus haut, elle avait constamment dans la bouche une amertume insupportable. Son odorat sentait d'une façon sensible l'infection horrible des péchés qui couvrent le monde, c'était un tourment intolérable : ses pieds et ses mains souffraient, surtout celle qui avait le pouvoir de guérir les malades, des douleurs violentes et aiguës ; tout son corps était tourmenté. La pauvre femme fut atteinte d'une foule de maladies ; goutte, asthme, hernie, douleurs dans les jambes, surtout dans les dernières années de sa vie. Le prêtre qui demeurait chez elle, et qui est mon pénitent, m'a assuré que, pendant ses accablantes agonies, il allait voir de temps en temps comment elle allait : sa réponse était *souffrance de mort*. Il ajoutait, faisons la volonté de Dieu et disons : *Fiat voluntas tua;* ces paroles la ranimaient, et, d'un air gai et serein, avec toute l'énergie dont elle était capable, elle répondait : *Sicut in cœlo et in terra.*

» Crucifiée sur son lit de douleur, elle était la joie et la consolation des autres, la paix et l'allégresse de ceux qui la voyaient, l'ardeur et le courage des affligés ; elle s'intéressait affectueusement à tout le monde avec une bienveillance inexprimable, oubliant ses propres souffrances, toujours tranquille, gaie, courageuse, toujours résignée en tout à la volonté de son divin époux.

» Les souffrances augmentaient sans cesse ; mais les eaux abondantes des tribulations amères qui fondaient sur sa tête, ne purent jamais éteindre le feu qui brûlait dans son cœur. Afin de prolonger sa douloureuse existence dans l'intérêt du prochain, Dieu daignait lui indiquer quelquefois ce qui devait la soulager ou la guérir (1). »

V

A tout ce martyre, vinrent se joindre des assauts et des luttes extraordinaires de la part des démons, à qui Dieu avait donné la permission de la tourmenter.

« Elle supporta pendant plusieurs années une terrible guerre de la part des démons, qui se montraient fréquemment sous des formes horribles : ils la tourmentaient par des objections d'une subtilité satanique contre l'incarnation et la passion du Fils de Dieu, contre l'Eucharistie,

(1) Relation du confesseur.

le jugement dernier, l'éternité des peines ; la pauvre femme avait l'esprit rempli de ténèbres, et ne pouvait rien que pleurer. Elle entendait des voix diaboliques, proférant distinctement les objections suivantes : « Tu es bien sotte de croire qu'il y a un jugement après la mort, que le Fils de Dieu s'est fait homme pour mourir sur la croix. Pour qui?.. Pourquoi?... et de croire que l'enfer existe... tout finit avec le corps, insensée que tu es. Veux-tu une preuve évidente que cela est faux, que ce sont des fables que l'on débite aux femmelettes et aux gens du peuple? Vois les hommes de talent... ceux même qui sont élevés en dignité, considère un peu ce qu'ils font, comment ils vivent? s'il y avait un enfer pour l'éternité, ils n'auraient pas la folie de vivre de la sorte. » La Servante de Dieu se voyant attaquée sur dès choses aussi délicates, en éprouvait une vive peine ; elle recourait à Dieu en demandant avec ferveur le secours de sa grâce et renversait l'ennemi par l'ardeur de ses protestations d'attachement à la foi.

» L'ennemi de tout bien, voyant qu'il ne gagnait rien par les assauts contre la foi, prit bien souvent diverses formes ; tantôt celle d'un religieux vénérable, d'un chef d'ordre, d'un prélat élevé en dignité. Afin d'exhorter Anna-Maria à abandonner son genre de vie, il suggérait des maximes entièrement contraires à la foi avec des sophismes subtils et inextricables ; il l'attaquait sur la pureté, sur l'éternité, sur le Saint-Sacrement, sur tous les principaux mystères ; je l'ai vue pleurer à cause de la violence de ces assauts par crainte de succomber. »

Après avoir cherché à ébranler la constance de la Servante de Dieu par la violence des tentations intérieures, les démons s'efforçaient de la vaincre par les mauvais traitements qu'ils exerçaient sur son corps.

« Ils l'effrayaient de tout leur pouvoir pendant la nuit, ils essayaient même de lui ôter la vie, parce qu'ils voyaient que tous ceux qui tombaient dans ses mains étaient perdus pour eux. Étant seule pendant la nuit (car son mari, retenu dans la maison Chigi ne rentrait d'ordinaire que vers le jour), elle vit bien des fois sa chambre remplie d'horribles démons, qui tenaient conseil et disaient tout haut qu'il fallait en finir, et l'étrangler ; et ils se précipitaient sur elle, les uns la saisissant par le cou, d'autres l'écrasant, et d'autres la faisant souffrir en différentes manières, en l'accablant de coups douloureux et épouvantables. Après les mauvais traitements, venaient les tentations les plus séduisantes. Le démon prenait alors la forme d'un beau jeune homme, et il cherchait à la conduire à des actions criminelles par ses horribles suggestions.

» Comment raconter tous ces divers assauts des esprits du mal? Ils allaient jusqu'à exciter dans son âme des sentiments de colère et de haine contre Dieu... et alors, qui comprendra les angoisses et les déchirements de son cœur? qui pourra dire les élans de sa douleur, et les cris déchirants de son âme vers ce Dieu que ses combats lui rendaient plus cher, et qui la délaissait amèrement? elle se voyait isolée au sein de la création, et il lui semblait que chaque créature lui disait : Où est ton Dieu?

» Les violences de tout genre qu'elle se faisait dans ses luttes désolantes pour résister aux embûches de l'ennemi, lui occasionnèrent de cruelles maladies et des infirmités qui la suivirent jusqu'au tombeau. »

VI

« Dans ces combats, Anna-Maria recourait à la prière, invoquait le très saint nom de Jésus et de Marie, elle s'armait de patience et s'humiliait dans la confusion et la douleur de ses fautes. Quelquefois elle ne faisait aucun cas des tentations, et se distrayait en travaillant, même la nuit, qui était ordinairement le moment des assauts de l'enfer. Quelquefois elle crachait à la

9.

face de ces illusions diaboliques, et tournait ses regards vers Dieu. Il y avait des moments où ses dispositions et la force des tentations lui inspiraient de grandes craintes; alors, tremblante et tout en larmes, elle se recommandait à la Sainte Vierge, aux saints Anges et surtout à saint Michel. La foi avec laquelle elle invoquait les très saints noms de Jésus et de Marie était si vive, que les démons étaient contraints de s'enfuir avec rage : elle les voyait sensiblement. »

« Malgré ses combats, elle n'abandonna jamais ses exercices de piété, elle les augmenta même avec un courage vraiment étonnant, ainsi que ses mortifications habituelles, ses jeûnes et ses pratiques de zèle pour le salut des âmes. Ses plus belles conquêtes eurent lieu pendant qu'elle se trouvait dans ce douloureux état.

» Cependant, outre les tentations et les angoisses intérieures dont nous venons de parler, les souffrances corporelles causaient à la Servante de Dieu, pendant ses prières, une sueur froide accompagnée d'une agitation et d'un ennui vraiment capables de faire perdre patience : on eût dit que les démons prenaient plaisir à la tourmenter de diverses manières. Pendant l'été, c'était souvent par des insectes qui fatiguaient diverses parties de son corps, même le nez et les oreilles. Elle demeurait immobile comme une statue, quoiqu'un quart d'heure de prières lui semblât plus long que trois heures d'un travail accablant. Pendant l'hiver, c'étaient des engelures, des douleurs rhumatismales, l'asthme de poitrine, dont les douleurs redoublaient au temps de la prière. Plusieurs années de victoires rendirent son âme maîtresse absolue de son corps, qui lui fut soumis sous tous les rapports, et qui se purifia de cette manière dans le creuset des souffrances. L'âme la plus fervente est moins fidèle au milieu des consolations, que ne l'était la pieuse femme à ses exercices de piété et à ses pénitences, au plus fort des peines d'esprit et des tourments qui l'accablèrent jusqu'à la mort. Merveilleux témoignage de l'amour souffrant pour Dieu! charité héroïque et martyre volontaire pour le prochain ! exemple éclatant de vertu extraordinaire, et digne d'être proposé aux véritables amis du crucifié !...

» Son céleste époux l'aidait par intervalles, et la voix de Dieu l'encourageait un moment, afin qu'elle pût continuer sa marche sur la douloureuse voie du Calvaire ; mais ces consolations célestes, qui passaient comme l'éclair, ne faisaient qu'augmenter ses désirs. Une bouchée de pain jetée à un chien affamé aigrit sa faim au lieu de l'apaiser, et l'excite sans la satisfaire.

» Elle avait continuellement des entretiens célestes ; mais, au lieu des jouissances spirituelles qu'elle y goûtait jadis, le ravissement la transportait aux contemplations les plus douloureuses ; et Dieu lui découvrait les maux du monde, les fléaux préparés par sa justice, les péchés des peuples, ceux des ecclésiastiques, etc. C'est pourquoi les communications et les ravissements n'apportaient aucun soulagement à son cœur ; sa charité la portait au contraire à prier de nouveau le Seigneur de suspendre sa colère et ses justes vengeances, et à faire des offrandes réitérées d'elle-même. Dieu, agréant ses désirs, vengeait sur elle les droits de sa justice, et c'étaient alors de nouvelles et cruelles souffrances (1). »

VII

Quand les démons la laissaient en repos, les hommes devenaient quelquefois, eux aussi, les instruments de leur malice.

« Dans l'église Saint-Barthélémi, sur la place Colonna, où la vénérable Anna-Maria allait ordinairement entendre la messe et communier, un homme bien mis et d'un âge avancé se plaçait à côté d'elle ; dès qu'il la voyait s'approcher de

(1) Relations du cardinal Pédicini, du confesseur, etc.

la balustrade pour communier, il arrachait vio-
lemment la nappe de ses mains. Anna-Maria
gardait le silence, sans se troubler, et attendait
patiemment de pouvoir communier à une autre
messe. Le démon, voyant que la patience de la
sainte femme résistait à cette épreuve, excita le
prêtre qui disait ordinairement la messe à cette
heure-là, à passer Anna-Maria sans lui donner
la communion. Cet excercice de patience durait
depuis quelque temps, lorsque le prêtre, son
confident, s'en aperçut. Dans sa vivacité, il
aborde à la porte de l'église celui qui poursuivait jusqu'à la sainte table la Servante de Dieu,
et lui reproche avec sévérité l'indignité de sa
conduite. Il se rend ensuite à la sacristie ; et,
ayant pris le prêtre en particulier, il lui demande
compte du refus public de la communion, en le
menaçant d'informer ses supérieurs. Le prêtre,
surpris de voir un ecclésiastique parfaitement
connu à Rome s'intéresser à cette pauvre femme,
demanda pardon de ce qu'il avait fait, et depuis
lors Anna-Maria put communier en liberté.

Son confident croyait avoir causé un grand
plaisir à la Servante de Dieu, en la délivrant
d'une semblable persécution : ce fut tout le contraire ; au sortir de l'église, elle témoigna une
grande tristesse, comme si elle eût perdu un
trésor ! « Qu'avez-vous fait, lui dit-elle ?
Qu'avez-vous fait ? » Impatienté par tout ce qui

venait d'arriver, le prêtre répondit vivement :
« Si vous prenez plaisir à être insultée, c'est
bien, souffrez-le pour l'amour de Dieu ; mais je
ne dois pas le permettre, lorsque je m'en aper-
çois. Suivez votre voie, je dois suivre la mienne,
nous ne pouvons pas marcher d'accord sur ce
point. »

« Quoiqu'elle s'efforçât de faire du bien à tout
le monde, il y eut de mauvaises langues qui ne
la laissaient pas en repos, soit par jalousie de
voir tant de personnes de distinction venir à la
maison, soit par suggestion du démon. Je me
souviens, entre autres, qu'une méchante femme
eut l'audace de la calomnier sur l'article de
l'honneur. Je fis incarcérer cette malheureuse ;
ma femme en eut de la peine, et fit tout ce qu'elle
put pour la faire sortir de prison ; bientôt elle
recommença de plus belle. Si je m'apercevais
que quelqu'un la molestât, on le payait cher ;
mais je ne pouvais la suivre partout, à cause de
mes occupations dans la maison Chigi. Voyant
ensuite que la Servante de Dieu était peinée,
lorsque je prenais part à ces choses, je finis par
lui dire : « Fais un peu ce que tu veux, et comme
tu veux, si tu aimes que les gens te jettent des
pierres ; et, si tu veux encore les leur donner, tu
es libre. »

» J'ai parlé plus haut de sa charité envers ses
persécuteurs. Lorsque nous habitions au Corso,

une voisine exerça la patience de ma pauvre femme, pendant plusieurs années ; c'était une folle ou une possédée, car elle proférait des calomnies qu'il était impossible d'inventer naturellement. Ma pauvre femme ne faisait pas attention à ses insultes, la saluait poliment en la rencontrant dans l'escalier, et lui faisait même des cadeaux ; mais tout était inutile, car la méchante femme continuait toujours à la poursuivre de ses injures. C'était une lingère, morte présentement. Anna-Maria avait prié Dieu de ne pas la punir ; il lui fut répondu que cette femme orgueilleuse viendrait un jour demander l'aumône à sa porte. Comme elle faisait de vives instances pour éloigner ce châtiment, elle entendit les paroles suivantes : « Contente-toi que je la punisse en cette vie au lieu de l'autre. » Cette femme avait quelque aisance ; quelques années après, elle perdit tout, et fut réduite à demander l'aumône. On l'a vue bien des fois frapper à la porte de la Vénérable. »

Anna-Maria fut encore particulièrement éprouvée dans ses rapports avec des pécheurs endurcis qu'elle voulait convertir. Ces malheureux proféraient le venin des maximes les plus contraires au dogme et à la morale chrétienne, et s'armaient des plus spécieux arguments qu'aient pu former la perfidie et la subtilité des hérésiarques et l'impiété de notre siècle corrompu.

VIII

Deux malheureux pécheurs exercèrent la foi et la patience de la Servante de Dieu.

Le premier avait un bon cœur et une conduite assez régulière. Mais le démon se servit du dérangement de ses affaires temporelles pour le jeter dans l'impiété. Toutes les fois qu'il allait voir la Servante de Dieu, il proférait des blasphèmes horribles, des hérésies et des impiétés capables de faire éclipser le soleil ; il entrait dans de terribles fureurs. Pendant plus de vingt ans, Anna-Maria exerça envers lui une patience plus qu'héroïque : elle lui donnait de bons conseils, et l'exhortait à la patience avec la charité la plus affable ; elle le retint bien des fois sur le bord de l'abîme en l'empêchant de se suicider. Ces conférences, longues et fréquentes, ont duré presque jusqu'à la fin de sa vie ; elles avaient lieu, la plupart du temps, lorsqu'elle était malade, et pendant qu'elle éprouvait les plus grandes peines d'esprit ; malgré cela, elle le recevait toujours, parce que, par amour de Dieu, elle s'était faite esclave des âmes et s'était offerte sous ce titre à son divin époux.

» Dieu agréa son offrande pour le salut et la conversion de cette âme.

» Le second fut un jeune homme qui, malgré une excellente éducation, tint dès sa jeunesse une conduite scandaleuse. Il occupa des emplois élevés sous le Gouvernement français, mais il se ruina par des excès de luxe et de débauche. Après la restauration du Gouvernement pontifical, des affaires l'attirèrent à Rome ; la Servante de Dieu avait déjà prié pour sa conversion, ainsi qu'elle le dit à la personne qui le conduisit chez elle. Au milieu de ses désordres, ce jeune homme avait cependant gardé un cœur charitable envers les pauvres ; néanmoins il avait résisté aux puissantes instances du vénérable Mgr Strambi ; les traits les plus frappants de la miséricorde divine n'avaient fait aucune impression sur son esprit. Mgr Strambi avait perdu tout espoir, et il répondit à quelqu'un qui l'encourageait à faire de nouvelles tentatives, que ce jeune homme était déjà dans les mains du démon, et entièrement abandonné de la Providence ; il l'était en effet, car il ne croyait pas à l'existence de Dieu, et il menait une vie très dissolue.

» Cependant, après une longue maladie, la grâce divine le saisit par les cheveux, ainsi que la pieuse femme l'avait prédit. Il reconnut ses erreurs, demanda les sacrements, et perdit connaissance aussitôt après sa confession. Anna-Maria avait prédit toutes ces circonstances trois ans auparavant.

» Elle dut payer cette grâce bien cher : elle en fit une maladie mortelle, sans parler de mille persécutions, et des terribles assauts qu'elle subit dans les conférences qui eurent lieu pendant les mois que ce jeune homme passa à Rome. L'enfer se déchaîna coutre la pauvre femme, et Dieu exerça sur elle les droits de sa justice; il le lui dit clairement dans plusieurs entretiens relatifs à cette conversion : il n'est pas possible de décrire les efforts que fit l'enfer, et quelle fut la rage des démons pour empêcher le salut de cette âme. Le jour même où le jeune homme mit le pied dans la maison de la Servante de Dieu pour la première fois, les esprits infernaux essayèrent visiblement pendant la nuit de l'étrangler après l'avoir accablée d'injures; le prêtre qui l'avait amené passa toute cette nuit dans des frayeurs mortelles, et entendit des bruits diaboliques.

» Les démons, voyant que les attaques ne ralentissaient pas le zèle d'Anna-Maria, excitèrent d'une manière extraordinaire ce jeune homme à la pervertir par les plus dangereuses maximes et par les sollicitations les plus délicates ; ils se servirent à cette fin tout à la fois de sa science et de ses passions.

» La foi d'Anna-Maria subit des luttes terribles ; car Dieu, pour l'éprouver, la laissa dans
de cruelles peines d'esprit, pendant que ce
malheureux faisait des efforts inimaginables pour
corrompre son innocence et pour ébranler ses
convictions (1). »

IX

La peine qu'Anna-Maria ressentait en voyant
Dieu offensé par l'ingratitude des hommes est
inexprimable, parce qu'elle voyait dans son mystérieux soleil (2), non seulement le bien, mais
encore tout le mal qui se faisait chaque jour
dans le monde. Elle offrait ses pénitences et ses
prières en expiation de ces désordres ; et cette
vue excitait ses désirs à demander avec larmes
que Dieu fût aimé, connu et honoré de toutes les
créatures ; aussi, c'était pour elle une grande
joie d'apprendre la conversion des pécheurs,
l'exaltation et les progrès de la sainte Église ;
elle annonçait avec un saint enthousiasme ce que
Dieu lui avait révélé : les triomphes futurs de
l'Église ; la conversion des hérétiques et des

(1) Relation du confesseur.
(2) Nous parlerons ci-après de ce mystérieux soleil.

gentils, et comment le Seigneur se ferait connaître d'une manière prodigieuse, et serait ensuite adoré et servi par les nouveaux chrétiens. Ce zèle l'amena à faire dans sa modeste condition tout ce qu'elle put, par ses exemples et ses paroles, pour faire aimer et servir Dieu par tous ceux qui eurent des rapports avec elle pendant tout le cours de sa vie.

» Connaissant les besoins spirituels et temporels de tous les hommes, son âme fut toujours en mouvement, en prières et en offrandes à son céleste époux, pour le salut de tous ; et l'on peut dire que sa vie fut un laborieux apostolat qu'elle exerça dans le monde entier, d'une manière aussi surprenante que nouvelle. Comme le salut éternel est le plus grand bien que l'on puisse obtenir pour le prochain, elle avait constamment ce but présent à la pensée dans toutes ses prières et toutes ses œuvres.

» Elle conjurait sans cesse le Seigneur de se faire connaître par sa grâce pour le vrai Dieu, et de donner aux peuples qui vivent dans l'idolâtrie, la force d'abandonner leurs anciennes erreurs, et de reconnaître l'Évangile. Tous les pécheurs avaient part à ses ardentes prières, mais surtout ceux qui font partie de ces sociétés secrètes dont les plans subversifs menacent la sainte Église ; elle demandait avec de vives instances à son divin époux de ne pas permettre l'accomplissement de leurs desseins impies. Que n'obtint-elle pas en ce genre, surtout pour l'Italie, et particulièrement pour Rome? Dieu déjoua les projets des sectaires par son souffle tout-puissant, et coupa de sa main la trame ténébreuse lorsqu'elle était entièrement achevée; mais il exerçait ensuite les droits de sa justice sur sa fidèle Servante, en redoublant ses souffrances, en proportion des grâces qu'elle avait obtenues.

» A l'époque ou Pie VII fut déporté en France, que de larmes, que de prières à son céleste époux, que de pénitences! combien de fois elle alla au crucifix de Saint-Paul-hors-les-murs! combien de macérations corporelles ne pratiqua-t-elle pas, pour apaiser la colère de Dieu, et obtenir qu'il rendît la tranquillité à l'Église, et le Pontife romain à son siège! La persévérance de ses œuvres, animées de la plus ardente charité, lui mérita d'être assurée par la voix du céleste époux, du jour que son Vicaire retournerait à Rome, et de la première messe pontificale qu'il célébrerait à Saint-Pierre. Cette révélation eut lieu plusieurs années avant le retour du Pape et se vérifia en tout point.

Animée d'un zèle incessant pour le règne de la justice et de la vérité, elle demandait que les armes des impies fussent abattues et dispersées par la puissance du bras de Dieu; et que, lorsque le chef de l'Église serait établi à Rome, les cardinaux, les évêques et les autres ecclésiastiques fussent remplis de l'esprit de leur état, et que les religieux et religieuses, de nouveau réunis, répandissent la bonne odeur de leur régularité exemplaire. Les ecclésiastiques avaient la première place dans son cœur, parce que, outre les caractères de la charité commune, elle reconnaissait en eux les ministres du Dieu vivant, les oints du Seigneur, la portion chérie de l'Église. »

X

« Je puis attester, dit son mari, qu'elle s'est toujours efforcée de gagner des âmes à Dieu. Je voyais que ma pauvre et petite maison, surtout dans les premiers temps, était remplie de personnes de toute condition, et je sais que ces personnes venaient pour demander des conseils ou des prières. Je m'abstenais pourtant de questionner la Servante de Dieu sur le motif qui les attirait ou sur ce qu'elle leur disait ; je sais d'ailleurs que tout son zèle était de les gagner à Dieu, et j'en ai vu plus d'un dont la tête fumait vraiment, et qu'elle gagna par sa bonté. Elle tâchait aussi de rétablir la paix dans les familles, avec un tact tout particulier. Elle était toujours désireuse du bien du prochain, parce qu'elle l'aimait tendrement. Je me souviens aussi que, lorsqu'il devait y avoir à Rome quelque exécution capitale, et que le condamné ne voulait pas se convertir, elle était bouleversée, et j'ai remarqué qu'en pareille circonstance, elle était plus malade que de coutume ; quelquefois même elle se mettait au lit, à cause de la violence des maux de tête qu'elle souffrait continuellement.

» Anna-Maria avait reçu un don spécial pour les guérisons spirituelles. Le pécheur le plus obstiné, pourvu qu'il se présentât sincèrement à elle, pouvait être assuré que la Servante de Dieu briserait les chaînes du démon, et obtiendrait son pardon de la divine miséricorde, quelque forts que fussent les liens qui l'attachaient aux sectes les plus occultes. Rien ne résistait à la puissance que Dieu avait donnée à sa bien-aimée servante. L'homme, esclave des habitudes vicieuses les plus invétérées, se sentait ébranlé par la grâce divine, à la présence de cette sainte femme, et retrouvait facilement, par l'effet de ses prières, le retour à la vie spirituelle. La conversion des pécheurs est toujours bien difficile, et cependant souvent, dans un premier entretien sur des choses indifférentes, un simple regard expressif d'Anna-Maria pénétrait leur cœur comme un trait ; ils étaient renversés, et ils devenaient les trophées des miséricordes divines. »

En sa compagnie, les loups devenaient des agneaux, et des hommes qui avaient lassé la sollicitude des prêtres les plus zélés, je dirai presque la clémence divine, tombaient bientôt aux pieds du Sauveur, victimes de la grâce et de leur repentir.

Un jour, une jeune dame de bonne famille se présenta tout effrayée, et lui dit en pleurant : « Je viens à vous, et je veux que vous m'obteniez... » et elle continua de pleurer. Anna-Maria l'accueillit affectueusement, lui fit connaître le déplorable état de sa conscience, et l'exhorta à mettre sa confiance en Dieu et à changer sincèrement de conduite, en lui promettant de l'aider par ses faibles prières. Anna-Maria fit les plus ferventes prières pour la conversion de cette dame, et mérita par sa confiance de recevoir l'assurance que la grâce qu'elle demandait, serait accordée. En effet, cette dame se confessa selon sa promesse, et fut ensuite exaucée pour ce qu'elle désirait.

» Quant à ce fameux carbonaro dont le vénérable Mgr Strambi n'avait jamais pu rien obtenir, nous ajoutons à ce que nous avons dit plus haut, qu'après l'avoir exhorté de son mieux à se convertir, elle entreprit des jeûnes extraordinaires et de terribles pénitences ; entre autres choses, elle alla bien des fois visiter l'église d'Ara-Cœli, et gravir à genoux son grand escalier ; elle faisait cet exercice le soir, accompagnée de son confident ; elle alla aussi visiter nu-pieds, bien des jours, le Christ de la prison Mamertine. Plusieurs fois elle fit, nu-pieds, à la même intention, le chemin de la porte Saint-Paul à la basilique, en priant avec les plus ardentes supplications la bonté divine pour le salut de cette âme. Elle fit aussi le chemin de la croix dans des endroits retirés, pour se livrer librement aux plus extraordinaires pénitences sans être remarquée. »

XI

Saint Paul voulait être anathème pour ses frères, et Moïse demandait d'être rayé du livre des vivants. La pauvre femme entrait dans les mêmes sentiments, et l'on entendait des oraisons jaculatoires embrasées s'échapper de ses lèvres, au milieu de ses occupations domestiques, dans le fort de ses douleurs, de ses peines et de ses maladies.

Enfin, pour tout dire en un mot, gagner des âmes à Dieu fut l'occupation de toute sa vie, et son zèle se montra infatigable jusqu'à la fin.

Pendant les dernières années de sa vie, lorsque la maladie ne lui permit plus de sortir, elle transmettait ses avis, par l'entremise du prêtre qui était son confident : aux uns, pour les prévenir de se préparer à la mort, qui n'était pas loin ; à d'autres, de se réconcilier avec leurs ennemis ; à ceux-ci, de rompre des relations coupables ; à ceux-là, d'être probes dans le commerce, de ne pas tant s'attacher à l'argent, parce que le démon s'en sert pour nous aveugler, et, afin, qu'on ne pût pas douter de la vérité du message, elle donnait à celui qui le portait un signe qui fût pour les personnes la preuve de la volonté de Dieu. Ces messages étaient envoyés aux grands seigneurs comme aux gens du plus bas peuple, parce que la pieuse femme s'intéressait également à tous et au salut de tous sans distinction. Souvent elle obtenait la grâce désirée sans recourir aux messages, et son divin Époux lui en donnait l'assurance ; elle a fait par là un bien considérable à une foule de personnes. Ce bien n'a jamais été connu, particulièrement dans cette ville de Rome.

Pour donner une idée du zèle d'Anna-Maria pour la gloire divine, et de la bonté de son céleste Époux à correspondre à ses désirs, je vais raconter un fait entre cent autres du même genre.

« Un jour, elle priait en versant un torrent de

larmes, et en offrant ses actes et ses souffrances pour la conversion des pécheurs, pour la destruction du péché, pour la gloire de Dieu et l'exaltation de son saint nom ; Dieu lui manifesta alors les crimes horribles des personnes de toute condition, le nombre et la grandeur des offenses qui se se commettaient dans le monde ; à cette vue, l'âme d'Anna-Maria ressentit une profonde douleur, et elle dit en soupirant : « Bien-aimé Seigneur ! comment remédier à un si grand désastre ? » Il lui fut aussitôt répondu en ces termes : « Ma fille, mon Père et moi nous apporterons remède à tout ; car, après un châtiment... etc. (1) » Et aussitôt elle vit d'innombrables conversions d'hérétiques, qui doivent rentrer dans le sein de l'Église ; elle vit aussi la conduite édifiante qu'ils tiendraient, ainsi que celle des autres catholiques.

» Une autre apparition eut lieu lorsqu'elle était en oraison devant le petit autel de sa chambre, dans la nuit du 21 mars 1812. La sainte femme priait pour les maux de l'Église et pour ceux du monde entier ; elle vit apparaître dans les airs un globe semblable à la terre, entière-

---

(1) Il y a ici une lacune dans les documents, sans doute parce qu'il n'est pas prudent de livrer à la publicité des faits qui regardent l'avenir, surtout dans une cause dont le procès n'est pas terminé. Des lacunes semblables se trouvent en plusieurs endroits.

ment entouré de flammes, qui menaçaient de le consumer ; d'un côté, était Jésus crucifié répandant un torrent de sang ; à ses pieds, la sainte Vierge, qui, ayant déposé son manteau à terre, priait instamment le Sauveur d'arrêter le fléau dont les hommes étaient menacés, par le mérite de son sang qu'elle offrait pour les pécheurs. Anna-Maria s'unit à cette prière, et la vision disparut. »

XII

A cette action sur les âmes venait encore s'adjoindre la puissance de guérir les corps, comme si Dieu eût voulu que l'efficacité des prières et des souffrances de sa Servante fût éclatante de toutes parts.

« Anna-Maria opéra un grand nombre de guérisons miraculeuses pendant sa vie. Quelques-unes sont mentionnées dans le procès ; elle invoquait la sainte Trinité, faisait dévotement le signe de la croix sur les malades, et leur faisait baiser l'image de la Vierge qu'elle portait. La guérison miraculeuse du cardinal Barberini mérite d'être signalée (1). Les médecins crai-

(1) Nous donnons plus loin l'attestation de la princesse Barberini sur cette guérison.

gnaient pour sa vie ; Anna-Maria vit le péril, elle sut que la mort du prélat était certaine ; loin de se décourager, elle pria jour et nuit, sans obtenir de réponse, si ce n'est que tout le monde doit se soumettre à la volonté divine ; elle insista encore et finit par obtenir la grâce de la guérison. Avant de l'accorder, Dieu lui dit : Que personne n'attribuerait cette guérison à ses prières, quoiqu'il l'accordât uniquement à cause d'elle ; qu'on l'attribuerait aux médecins et aux prières d'autres personnes ; elle répondit qu'elle était bien contente de n'être pas connue des créatures, mais qu'elle priait la bonté divine de guérir le cardinal. Le mal cependant progressait de manière à ôter tout espoir, lorsqu'une crise inespérée survint qui fut le salut du malade. La duchesse de Luques fut guérie de la même manière.

« Une femme de la maison Albani ne pouvait se résoudre à se laisser faire une opération au sein ; son confesseur se rendit chez Anna-Maria et demanda un remède à la Servante de Dieu. Celle-ci donna de l'huile de la petite lampe qui brûlait dans son oratoire, qui fut appliquée sur la partie malade. La nuit suivante, la tumeur s'ouvrit sans causer aucune douleur, et la malade fut parfaitement guérie. Cette femme voulut connaître Anna-Maria ; et, en reconnaissance, elle s'engagea à fournir toujours de l'huile pour la lampe de sa Vierge. Dans la suite, elle manqua

10.

à sa promesse, et Dieu punit son avarice par diverses tribulations et par des maladies très dispendieuses.

» La mère Doria, religieuse à Saint-Dominique et Sixte, fut attaquée d'un commencement de cancer à la poitrine ; elle fit appeler la Servante de Dieu, et lui dit en secret : « Vous devez penser à me guérir, car je ne veux me laisser examiner par aucun médecin, et personne ne doit avoir connaissance de mon mal. » La maladie commençait à être assez sérieuse, car déjà la plaie se formait. Anna-Maria répondit : « Ma mère, vous vous adressez bien mal ! Vous m'effrayez par de semblables paroles ! Ne savez-vous pas que je suis une pauvre pécheresse ? » La religieuse répliqua : « C'est inutile, vous devez y penser, parce c'est bien l'inspiration que je sens. » Anna-Maria lui fit le signe de la croix avec l'huile de sa lampe, et le cancer disparut miraculeusement, sans que personne en eût jamais connaissance.

» On devait faire l'opération d'un cancer au sein à une religieuse de l'Enfant-Jésus. Anna-Maria, aux prières de laquelle on la recommanda, fit répondre : « Si la religieuse a beaucoup de foi, l'opération n'aura pas lieu, mais il faut de la confiance. » La religieuse en avait fort peu ; son confesseur l'exhorta vivement à se confier en Dieu, elle appliqua l'huile qu'Anna-Maria avait envoyée ; la nuit suivante elle se trouva guérie instantanément, au grand étonnement de toutes les religieuses.

» Anna-Maria allait un jour chez son confesseur, lorsque, surprise par une averse, elle entra dans une maison de connaissance pour demander un parapluie. La maîtresse de la maison, avant de le donner, lui dit : « Nous avons ici une personne qui va mourir. » En effet, la malade était à toute extrémité, et n'avait plus qu'à rendre le dernier soupir. Anna-Maria mit la main sur la tête de la malade, fit le signe de la croix en invoquant la sainte Trinité, et dit : « Soyez tranquille, la grâce est accordée. » Quelques heures s'étaient à peine écoulées, que la malade put manger et se trouva parfaitement guérie.

» Ces quelques faits suffisent comme preuves du pouvoir que Dieu avait communiqué à Anna-Maria pour la guérison des malades. J'en laisse plusieurs milliers qui n'ont pas été écrits (1). »

(1) Relation du confident.
Outre le prêtre son confesseur qui dirigeait sa conscience, Anna-Maria avait un prêtre d'une grande science et d'une haute vertu qui était *son confident*. Placé par le vénérable Mgr Strambi près de la Servante de Dieu, dom Raphaël Natali a été pendant plus de vingt ans *le confident* des lumières et des révélations qu'elle recevait, il était chargé d'en prendre note comme son secrétaire. C'est à lui qu'on doit tous les documents qui restent sur

« Lorsque la Servante de Dieu était appelée chez les malades, elle s'y rendait sur-le-champ, quelque temps qu'il fît. Je lui avais donné pleine permission à cet égard. Je me souviens que, dans les premières années, elle ne pouvait prendre un morceau de pain en repos, parce qu'on la demandait de tous côtés. Elle allait partout, car elle était très active ; vers la fin de sa vie, les maladies qui l'accablèrent ne lui permirent pas de continuer ainsi ; elle se traînait partout, autant que ses forces le permettaient, sans distinction ; les pauvres cependant avaient toujours ses préférences.

» Anna-Maria ne refusa jamais de conseils à personne, elle s'y prêtait avec l'amabilité et la patience qui sont les caractères de la vraie charité.

» En allant visiter les malades, elle leur rappelait les fins de l'homme et les mystères de la foi ; elle enseignait ces vérités avec patience et bonté aux gens ignorants qu'elle trouvait dans les hôpitaux, où elle allait fort souvent ; elle était toujours disposée à rendre service et toujours

la vie, les vertus, les révélations de la Servante de Dieu. C'est ce prêtre qu'elle envoyait à sa place quand elle était malade, opérer des conversions, des guérisons, etc. il était comme le père spirituel de la famille, présidait aux exercices religieux et disait souvent la messe dans l'oratoire de la Servante de Dieu, selon l'autorisation donnée par le Souverain Pontife.

prête à faire du bien. Un jour qu'elle allait à Sainte-Marie de la Consolation, elle rencontra une pauvre femme renversée, qui répandait de l'écume par la bouche. Personne ne faisait attention à elle. Anna-Maria s'empressa de la relever et se mit à l'essuyer avec son mouchoir. Cet acte de charité attira les passants. La pauvre femme se sentait défaillir ; la Servante de Dieu courut à une boutique voisine chercher quelque remède, et elle ne quitta la malade que lorsqu'elle fut bien remise. Son céleste époux le remercia de cet acte de charité.

» Elle avait aussi le don de consoler les affligés. S'il s'agissait de peines spirituelles, ceux qui recouraient à elle étaient sûrs de se retirer pleinement satisfaits ; s'agissait-il, au contraire, de peines temporelles, alors elle ne se contentait pas de montrer aux malheureux une compassion stérile, et de leur donner des consolations dépourvues d'effet ; elle employait volontiers ses relations avec les personnes riches pour aider le prochain, ce qu'elle ne fit jamais pour ses propres besoins. Si c'étaient des gens accablés par la misère, et qu'elle n'eût pas, par elle ou par d'autres, le moyen de les secourir, elle surmontait la honte et ne craignait pas de demander l'aumône ; elle s'est adressée plusieurs fois à moi dans ce but, et je me suis empressé de lui faire plaisir. En somme, pour une affaire ou pour une autre, qu'il s'agît de procès ou de maladies, de misères, de malheurs domestiques et de tribulations, tous ceux qui s'adressaient à elle ne la quittaient pas sans être consolés. Combien de malades n'a-t-elle pas guéris! que d'inimitiés n'a-t-elle pas apaisées! que de gens réduits au désespoir n'a-t-elle pas retirés au bord de l'abîme! Ses paroles avaient une grande puissance, à cause du don surnaturel dont le Seigneur l'avait douée, et par la vertu des grâces célestes qu'elle possédait; à cause aussi des prières qu'elle faisait, et des pénitences qu'elle s'imposait avec la plus ardente charité (1). »

Sa charité s'étendait à tous, elle visitait souvent les pauvres dans les hôpitaux; et les plus malheureux était l'objet de ses prédilections. Que de faits pourrions-nous citer qui montreraient l'étendue de sa charité. Un seul suffira pour donner la mesure de son dévouement. Il y avait à l'hôpital des incurables une pauvre femme que dévorait un horrible cancer, répandu sur tout son corps, il n'avait fait d'elle qu'une plaie; et il lui avait tellement rongé le visage, que sa tête n'était plus qu'une masse informe et dégoûtante, à tel point qu'on la tenait constamment voilée pour cacher à ceux qui allaient et venaient dans la salle cette vue hideuse. La puanteur qui

(1) Relation du cardinal Pédicini.

s'exhalait de sa couche était insupportable.
C'était cependant cette infortunée qui avait les
meilleures tendresses de la Servante de Dieu.
C'était près de son lit qu'elle allait tout d'abord
prendre de ses nouvelles, s'informer de son état,
l'encourager, la consoler et lui rendre tous les
services qu'une mère rend à son enfant, et elle
était tout heureuse de l'avoir soutenue dans ses
souffrances en lui parlant de celles de Notre-Seigneur sur la croix et de lui avoir fait oublier au
moins pendant quelques instants l'horrible mal
qui la menait au tombeau. Ses visites étaient une
grande joie pour cette malade délaissée, lorsqu'elle l'entendait venir, elle disait : Voici mon
ange qui arrive. Sophie, sa fille, l'accompagnait
quelquefois dans sa visite aux hôpitaux, mais
quand elle la suivait chez l'incurable, elle disait
à sa mère : « Faites vite, mère et dépêchez-vous,
c'est si infect, » et Anna-Maria de la reprendre :
« Comment, ma fille, vous appelez cette odeur une
infection, mais ce sont des parfums du ciel. Vous
voyez cette infortunée, sachez que de son lit, son
âme ira droit en paradis (1). »

(1) Proces. apost., p. 207.

LIVRE V

I

Ainsi que nous venons de le voir, Anna-Maria fut favorisée, de la part de Dieu, de grâces singulières et de faveurs peu communes ; mais, parmi les dons qu'elle reçut, le plus extraordinaire et le plus surprenant de tous, *le don unique et sans exemple dans la vie des saints* (1), fut celui du soleil céleste, dont il nous reste à parler.

Dieu, dont les desseins sont impénétrables, opère des merveilles dans les âmes qui sont l'objet de ses prédilections, en leur accordant les grâces et les dons que réclame la mission que sa Providence leur confie. Sa volonté, nous l'avons vu, appelait l'humble Anna-Maria à prendre part, dans le travail et la souffrance, à la rédemption opérée par le Sauveur du monde. Elle était choisie pour être dans son siècle une de ces victimes d'agréable odeur, que la grâce attache à la croix pour le salut de leurs frères, et qui accomplissent, à travers les âges, ce qui manque à la passion de Jésus.

La vénérable Servante de Dieu répondait à cet appel céleste par un noble et généreux courage, et son cœur vigoureux s'élevait par le sacrifice à la difficile hauteur de sa vocation crucifiante : ce rôle assurément était grand et beau ; et, d'après ce que nous avons dit, le lecteur sait qu'il était largement rempli. Si le ciel n'avait voulu qu'une victime, la mission d'Anna-Maria se fût, comme celle de tant d'autres, accomplie et achevée dans l'obscurité : l'hostie était sur l'autel ;

____

(1) Le cardinal Pédicini.

le parfum de ses prières, de ses larmes et de son expiation montait chaque jour devant le Seigneur : le silence eût enveloppé l'holocauste et ses immolations, et la justice de Dieu satisfaite eût fait place à la miséricorde, sans révéler les secrets d'une vie ignorée, dont le ciel se réservait de couronner les mérites. Mais la vénérable Servante de Dieu avait encore une autre mission. En la prenant pour victime, Dieu l'avait en même temps choisie pour manifester sa gloire : elle devait être, entre les mains de la grâce, un instrument de la puissance qui confond et abaisse l'orgueil.

De nouveaux docteurs, nous l'avons dit, se faisant la lumière des âges à venir, arrivaient de négation en négation à saper par la base toute religion, à nier toute intervention divine. Après avoir détruit tout principe d'autorité, renversé tout principe de foi, ils rejetaient, comme une impossibilité, tout principe surnaturel. Devant une pareille audace, Dieu ne voulut pas rester silencieux. Devant ces hardis contempteurs de toute intervention divine, Dieu intervint, et Anna-Maria fut une des âmes choisies, dans lesquelles Dieu affirma avec une force invincible l'existence du surnaturel. En cette humble femme, le surnaturel se montra tout d'un trait, il brilla d'un éclat inaccoutumé, il rayonna dans toute sa splendeur. Tandis que les événements humains semblaient, dans les humiliations de la papauté, donner raison à la science orgueilleuse et aux calculs criminels des conspirations anti-religieuses et anti-sociales, une humble femme se lève, qui garde les secrets de l'avenir et les pacifiques assurances des triomphes de la justice et de la vérité. Au sein de la nuit qui enveloppe la société civile et religieuse, Anna-Maria est le chandelier qui porte la lumière, et, sur le piédestal de l'ignorance et de la pauvreté, fait resplendir le surnaturel avec une affirmation telle, que les plus incrédules en sont confondus.

En effet, devant cette femme simple et obscure, les lieux n'ont plus de distance, l'espace n'a plus d'étendue, le temps n'a plus de mesure, les nuits n'ont plus de ténèbres, les âmes n'ont plus de profondeurs; les cœurs, plus d'abîmes; les consciences, plus de replis; les intrigues, plus de secrets; les complots, plus de machinations; les hommes, plus d'habileté; les démons, plus de ruses; le ciel, plus de mystères. La vie d'Anna-Maria, c'est le surnaturel en action; le surnaturel vivant, parlant, agissant, rendu comme sensible et palpable, pendant quarante-sept années consécutives, sans subir un seul instant d'éclipse.

C'est ainsi que Dieu révélait sa gloire, et montrait par un fait public, constant, solennel, extraordinaire, son intervention claire, évidente, dans les grandes vicissitudes de l'humanité, comme dans les moindres accidents de la vie de l'homme. Cette lumière mystérieuse servait encore à soutenir l'humble Servante de Dieu, dans la voie douloureuse des souffrances et du sacrifice. « A sa clarté, elle voyait l'état des consciences, la situation des diverses nations de la terre, les révolutions, les guerres, les desseins des gouvernements, les machinations des sociétés secrètes, les pièges tendus par les démons, les crimes, les péchés, les superstitions des idolâtres, les fléaux que Dieu avait préparés pour punir les prévarications humaines ; cette vue continuelle des maux spirituels et temporels qui remplissaient la terre, était le moyen dont se servait la grâce pour exciter le zèle d'Anna-Maria.

II

« Le soleil apparut à la Servante de Dieu la première fois qu'elle prit la discipline dans son petit oratoire, peu de temps après que Dieu l'eût appelée à la vie parfaite. Depuis ce moment, il fut constamment devant ses regards jusqu'à sa mort, pendant l'espace de quarante-sept ans. La pieuse femme fut saisie d'une grande crainte à la vue de cette lumière surprenante ; son confes-

seur lui ordonna de demander à Dieu l'explication de ce singulier phénomène : elle reçut pour
réponse ces mots : « *Ceci est un miroir que
je te montre pour que tu saches le bien et le
mal qui se font* (1). Le confesseur alors lui
ordonna de demander à Dieu de lui retirer des
dons de ce genre, et de communiquer ses faveurs
et ses lumières aux vierges des cloîtres, et non
pas à une femme pauvre et mariée. La Servante
de Dieu obéit. Il lui fut répondu que Dieu était
libre de faire ce qu'il voulait, que personne ne
devait se permettre de sonder ses secrets, et que
le confesseur devait faire son devoir et rien de
plus. »

Au commencement, la lumière du soleil avait
la couleur de la flamme, et le disque était comme
de l'or mat ; à mesure que la pieuse femme faisait des progrès dans la vertu, le soleil devenait
plus éclatant et se revêtait d'une lumière plus
brillante que celle de sept soleils à la fois : sa
grandeur était celle du soleil naturel entouré de
ses rayons ; elle a assuré que sa lumière était si
éclatante qu'elle eût fatigué les yeux les plus
sains et les plus vifs. La pieuse femme la voyait
de son œil malade, qu'elle avait presque entièrement perdu, et avec lequel elle ne pouvait pas

____

(1) *Questo è uno specchio che io ti faccio vedere, perché
capisci il bene e il male.*

supporter la clarté du jour, ni distinguer aucun objet. La lumière céleste, loin de le fatiguer, le fortifiait... Le soleil était devant elle à une distance de douze palmes, et de trois palmes au-dessus de sa tête (1). Il garda toujours cette position. Au-dessus des rayons supérieurs et comme à leur extrémité, était une grosse couronne d'épines entrelacées qui embrassait toute la dimension du soleil, et qui le surmontait comme un diadème. Des deux côtés de la couronne, deux épines très longues descendaient sous le disque, se joignant l'une à l'autre, et semblaient s'embrasser en se croisant, et leurs pointes arquées sortaient des deux côtés au milieu des rayons. Au centre était une femme assise, avec une noble majesté, le front élevé vers le ciel, dans une contemplation extatique, et brillant de la plus vive lumière; elle portait deux rayons sur le front, comme Moïse descendant de la montagne; ses pieds reposaient sur l'extrémité inférieure du disque solaire. Le centre était éblouissant de clarté. Des images passaient dans le soleil comme dans *une lanterne magique*, pour nous servir des expressions mêmes de la Servante de Dieu.

Dans ce soleil mystérieux, Anna-Maria ne

(1) Palme, mesure représentant une étendue de quatre doigts. Elle est employée dans différentes contrées du midi de l'Europe.

voyait pas seulement les choses physiques et morales de ce monde, elle pénétrait les abîmes et la hauteur des cieux. Elle connaissait avec une pleine assurance le sort des trépassés; elle voyait les objets à la plus grande distance, les plus profonds secrets de la nature et de la grâce, la physionomie des personnes qu'elle ne connaissait pas, se trouvassent-elles aux extrémités du monde, leurs plus secrètes pensées et toutes leurs actions. L'état des consciences lui était manifesté avec la plus grande certitude; l'ordre des temps n'existait pas pour elle, les événements du présent, du passé et de l'avenir étaient à sa disposition, avec toutes leurs circonstances les plus étendues. Un coup d'œil sur le soleil lui suffisait; et, à l'instant, la chose à laquelle sa pensée se portait lui devenait présente, avec une vue immédiate et une pleine connaissance de tout ce qu'elle voulait savoir. Elle voyait le monde entier, comme nous voyons la façade d'un édifice; en un clin d'œil, elle avait présentes à la vue toutes les nations de la terre; elle connaissait les désordres qui se commettaient au milieu d'elles, et les malheurs qui devaient les frapper, la cause de leurs maux et les remèdes qui auraient pu les guérir, les dispositions des individus, l'état de chaque peuple et la situation du genre humain.

Par cette grâce extraordinaire et vraiment

sans exemple, Anna-Maria possédait et goûtait la connaissance de toutes choses en Dieu, autant qu'on peut la goûter dans cette vie. Cette vue et cette connaissance des choses étaient toujours à sa disposition, et on assure que le céleste Époux lui dit plusieurs fois : « Qu'il avait fait pour elle une chose qu'il n'avait jamais faite à d'autres, en lui accordant un don que nul autre n'avait eu ; et que, si les hommes qui venaient la voir avaient su qui était avec elle, ils se seraient prosternés à genoux, non à cause d'elle, qui était une misérable et pauvre créature, mais à cause de celui qui demeurait toujours avec elle... » Il lui disait encore : « Qu'il avait établi son siège dans son cœur, et qu'il lui faisait part de ses décrets célestes, de ses dispositions divines, de ses plus grands secrets, en la recevant dans son tabernacle ». D'après un homme fort expérimenté dans les choses mystiques, ce signe symbolique du soleil représentait la divine sagesse incarnée, qui y résidait d'une manière spéciale. En effet le disque lumineux représentait la divinité ; la couronne et les deux longues épines qui formaient une croix, indiquaient la nature humaine et ses principaux mystères douloureux ; la majestueuse femme montrée dans le soleil mystérieux, assise dans l'attitude de la contemplation, avec les deux rayons qui s'élèvent sur sa tête, représentait la sagesse incréée, source de toute lumière.

III

Le soleil mystérieux étant constaté par des milliers de faits, dont les principaux se trouvent dans les dépositions des témoins entendus au procès juridique, il s'agit maintenant d'en expliquer la nature. Nous pouvons d'abord établir que le démon n'y avait aucune part, et que Anna-Maria n'était pas victime des illusions du mauvais esprit. On connaît l'arbre par ses fruits, dit l'Évangile ; or les vertus éminentes de la Servante de Dieu, et surtout son humilité et son obéissance, indiquent déjà suffisamment l'origine divine de ce don ; et les innombrables conversions obtenues par suite des lumières qu'elle puisait dans son soleil, achèvent d'en prouver la vertu surnaturelle. Quoique nouveau par la forme et le mode, ce don mystérieux n'est pas sans précédent dans l'Église pour le fond de la chose. Nous en avons un exemple en sainte Françoise Romaine, qui eut pendant vingt-sept ans la vision permanente d'un Ange, dont l'office était à peu près le même que celui du soleil auprès de la vénérable Anna-Maria (1). La vision permanente

____

(1) Sainte Françoise Romaine avait vingt-neuf ans lorsque l'Archange lui apparut pour la première fois ; elle était alors engagée dans les liens du mariage. A

de cet Ange exerça une merveilleuse influence sur la sanctification de Françoise, en même temps qu'elle fut la source de précieuses grâces pour le prochain. La présence d'un esprit si pur et si brillant produisait un profond sentiment d'humilité dans l'âme qui voyait clairement sa bassesse et son indignité. Si Françoise commettait une faute légère, involontaire, l'Ange disparaissait, et ne se montrait de nouveau qu'après qu'elle l'avait réparée. La vision de cet Ange lui donnait des choses une certitude qui faisait croire qu'elle lisait dans les cœurs et qu'elle était présente à tout. Le soleil donnait les mêmes lumières à Anna-Maria ; par ce moyen, elle exerçait d'abord un contrôle continuel sur ses dispositions et sa conduite ; ensuite elle y trouvait les secours les plus puissants pour remplir sa mission providentielle : c'était un guide sûr qui dirigeait ses pas dans le chemin de la vertu.

« De même que les rayons du soleil naturel font paraître la multitude infinie d'atomes qui s'élèvent de la terre et qu'on ne peut voir autrement, ainsi la Servante de Dieu, suivant les impulsions que le Seigneur donnait à son cœur, voyait dans son mystérieux soleil ses fautes et

l'époque où la sainte veuve embrassa la vie religieuse, l'Archange fut remplacé par un esprit d'un ordre supérieur. Le Bréviaire romain atteste le fait de cet Ange dans les leçons de la fête de la sainte.

ses défauts involontaires, même ceux dont l'âme n'est jamais exempte en cette vie ; ils lui apparaissaient comme des mouches noires, comme des ombres qui circulaient dans le disque ; elle s'en humiliait, en demandait pardon à Dieu, et le soleil reprenait le plus vif éclat. Cette vue l'obligeait de marcher continuellement en présence de Dieu, et par conséquent de reconnaître toujours davantage sa bassesse et son néant ; son humilité devenait plus profonde ; ses actions, plus circonspectes ; et sa charité, plus ardente.

Anna-Maria n'étant pas libre dans ses démarches, à cause de sa pauvreté, n'aurait pu se rendre utile au prochain et à l'Église, si Dieu ne lui eût donné des lumières surnaturelles, pour connaître les besoins des âmes. C'est pourquoi le mystérieux soleil, en lui révélant continuellement l'état des consciences et les péchés qui offensent Dieu sur la terre, l'excitait à la prière, à l'expiation, à ces généreuses immolations qui composaient dans sa vie un véritable martyre de toutes sortes de souffrances.

C'est ainsi qu'elle prit l'engagement de prier pour le monde entier, pour la conversion des pécheurs, et surtout pour l'Église persécutée, pour une foule de choses particulières qui se présentaient chaque jour, et pour les besoins spirituels et temporels de toutes les personnes qui recouraient continuellement à ses prières.

Anna-Maria était de la plus grande circonspection, pour porter ses yeux sur le soleil ; elle ne le faisait que pour la gloire de Dieu, ou par charité en vue du bien spirituel des âmes, ou par obéissance et d'après une impulsion divine qui la pénétrait, jusqu'à la moelle des os, d'une impression de crainte ; elle avoue que, purement passive, elle ne voyait que ce que Dieu voulait lui manifester ; il se présentait quelquefois des choses qu'elle ne cherchait pas et ne pouvait pas chercher ; d'autres, qu'elle ne comprenait pas, et dont elle s'abstenait de demander l'explication.

Le lecteur se demandera peut-être dans quel ordre de grâces spirituelles peut être classé ce don si singulier en lui-même, et si remarquable dans ses résultats. En consultant dans les dépositions ce que les témoins ont dit sur ce don extraordinaire, on peut dire qu'il prend tout naturellement sa place parmi les grâces que la théologie appelle *gratis datas*, grâces gratuites ou *gratuitement données*. Ce don gratuit était de ceux qui sont permanents, et la Servante de Dieu posséda constamment le pouvoir d'en user conformément au but pour lequel Dieu le lui avait accordé, et d'après les impulsions de la grâce divine.

Anna-Maria en effet a dit plusieurs fois à son confesseur, au cardinal Pédicini, et au prêtre son confident, qu'elle possédait le don du soleil d'une manière stable et continuelle, et qu'elle l'avait toujours devant les yeux, partout où elle allait, jour et nuit.

Des objets passaient continuellement dans le soleil, quelquefois au naturel : des courriers, des batailles, etc. ; quelquefois ; des symboles allégoriques : des couronnes, des colliers d'or, des pierres précieuses, des poignards, des faisceaux d'épines, des réseaux, des boulets, des bombes incendiaires. Les rayons du soleil s'ouvraient pour verser du sang ; tantôt paraissaient d'épais nuages, tantôt une pluie d'or, et autres de tout genre... c'était un mouvement continuel ; mais, si Anna-Maria regardait le soleil pour y voir un objet déterminé, toutes les images, tous les signes allégoriques disparaissaient, et l'objet qu'elle cherchait se faisait voir clairement. Il semblait, en un mot, que ce don était soumis à sa volonté et à son désir, et cela continuellement, puisque ce fut toujours ainsi pendant quarante-sept ans (1).

IV

Ce soleil faisait d'Anna-Maria un théologien, un docteur, un voyant, un prophète ; est-il éton-

(1) *Informat. sup. dub.* et les documents, *passim.*

nant que les hommes les plus recommandables par leur instruction et leur sainteté eussent recours à ses lumières ?

Anna-Maria répondait à la science avec la simplicité d'un enfant et l'assurance d'un maître.

« La Servante de Dieu, dit son confesseur, n'avait pas besoin de recourir à l'étude et aux recherches, elle n'avait qu'à regarder son soleil. On la questionnait sur un point dogmatique, par exemple, sur la conciliation de la prédestination avec la bonté divine ?... ou bien, on lui demandait comment l'humanité unie à la divinité avait pu souffrir ?... Elle faisait des réponses d'une précision et d'une justesse théologique qui surprenaient les plus instruits. C'était un plaisir de l'entendre parler de l'incarnation du Verbe, de la maternité et de la virginité de Marie.

» Aussi elle n'avait pas besoin de livres pour méditer les mystères de la religion. Chacun d'eux se présentait à ses yeux avec toutes ses circonstances ; si elle pensait, par exemple, au jardin des Olives, elle voyait la trahison de Judas, la sueur de sang et les indicibles souffrances du Rédempteur. Quelles délices pour des âmes pieuses d'entendre parler Anna-Maria du voyage en Égypte, de la Cène et des autres mystères ! Elle décrivait les plus petits détails de la maison de Nazareth, la simplicité des meubles, l'endroit où reposait la sainte Vierge, ou, pour mieux dire, le lieu où elle contemplait ; car, disait la pieuse femme, le repos d'ailleurs très court que la Vierge donnait à son corps, était une contemplation continuelle. Si elle voulait contempler le martyre de saint Jean-Baptiste, elle voyait d'un coup d'œil l'horreur de sa prison, l'humilité et la résignation du Précurseur courbant la tête sous le fer du bourreau, et en même temps le somptueux festin d'Hérode, et ainsi du martyre des autres saints. Si elle désirait connaître la physionomie d'un bienheureux, elle en était instruite par un seul regard. Comme elle avait une grande dévotion pour saint Joseph, elle eut la sainte curiosité de le voir dans le soleil ; elle le vit très beau, d'un âge plus avancé que Marie, tel qu'il le fallait pour être le gardien de cette vierge incomparable. »

Écoutons à son tour le cardinal Pédicini : « Combien de fois ne l'ai-je pas consultée sur les affaires des charges que j'ai occupées dans le gouvernement ? et quels sages conseils, quelles lumières ne m'a-t-elle pas données ? Ses conseils et ses lumières provenaient indubitablement de la divine sagesse : il n'était pas possible qu'une pauvre femme, sans avoir rien appris, eût un savoir si universel, et possédât des connaissances si précises sur une foule de choses, pour lesquelles la vie entière et l'expérience ne suffisent pas Elle me révélait des choses bien supérieures à l'intelligence humaine. Si j'étais inquiet pour des nouvelles de famille que j'attendais, elle jetait un ragard sur le soleil mystérieux et me disait la cause du retard ; cela suffisait pour me tranquilliser ; j'avais appris par expérience à ne jamais douter de ses indications. Elle m'a bien souvent averti de ce qui devait m'arriver, afin que je n'en fusse pas surpris ; affectueuse et reconnaissante, elle s'intéressait à moi dans les plus petits détails de la vie. Son cœur généreux la portait à consoler tout le monde. En la quittant, on se sentait, non-seulement instruit et pleinement éclairé, mais encore touché, encouragé, tranquillisé ; elle racontait à chacun les diverses circonstances de sa vie, elle découvrait les plus secrètes pensées, annonçait à tous ce qui devait leur arriver et donnait les meilleurs conseils ; après cela, l'on ne pouvait douter qu'elle n'eût les lumières du Seigneur, et que les moyens qu'elle suggérait ne fussent vraiment efficaces pour atteindre le but, relativement à des affaires qui regardaient surtout le bien spirituel des âmes. Elle faisait tout cela avec facilité, d'une manière naturelle et sans affectation, sous forme de conversation amicale ; pour elle, il était plus facile de connaître par un seul regard l'état d'une âme, la marche d'une affaire, ou tout autre chose, que ne l'est pour nous la lecture d'un livre, laquelle exige un certain temps pour prendre connaissance du sujet et de la manière dont il est traité. »

V

« En priant pour une âme passée à l'autre vie, elle voyait aussitôt sa destinée éternelle. Si elle était en purgatoire, elle paraissait au bas des rayons sous la forme d'un cœur souillé ou d'un diamant obscurci, et la Servante de Dieu voyait très clairement ses peines, les raisons pour lesquelles elle souffrait, ainsi que la durée de son expiation. Sa charité travaillait à en abréger le temps par des prières et des pénitences. L'image restait le peu de temps qu'il fallait à la Servante de Dieu pour comprendre par un rapide coup d'œil l'état de l'âme ; puis la figure allégorique descendait peu à peu et disparaissait. Si c'était une âme déjà en possession de la gloire, elle paraissait comme un cœur étincelant ou comme un diamant qui jetait le plus vif éclat ; elle s'arrêtait un instant, pendant lequel la Servante de Dieu comprenait clairement, par un simple regard, la récompense des vertus qu'elle avait particulièrement pratiquées ; l'âme faisait ensuite quelques mouvements, et répandait une splendeur extraordinaire ; puis elle allait se perdre dans le disque lumineux. Enfin, si c'était une âme malheureusement perdue, les rayons du soleil s'ouvraient à gauche, une horrible caverne s'entrouvrait, et la Servante de Dieu y voyait clairement l'âme infortunée, les motifs de sa condamnation, les peines atroces auxquelles elle était condamnée ; en un clin d'œil, la terrible vision disparaissait dans un choc effroyable d'éclairs et de tonnerres, et ensuite les rayons du soleil se réunissaient de nouveau. La Servante de Dieu, par délicatesse, ne désignait jamais les personnes qu'elle avait vues de cette manière. Je lui dis un jour que, les damnés étant privés de charité, on ne blesserait pas cette vertu en les faisant connaître ; elle me répondit sagement que, si les damnés n'ont plus droit à la charité, leurs parents et leurs amis qui sont encore en vie y ont droit, et ce serait leur causer un vif déplaisir (1). »

« Le Père Jean de la Visitation, supérieur général des Trinitaires déchaussés à Saint-Charles, aux Quatre-Fontaines, m'a raconté plus d'une fois, qu'ayant appris la mort de son père, il le dit à Anna-Maria, afin qu'elle priât pour lui. Elle répondit qu'il était en purgatoire, elle spécifia les motifs pour lesquels il s'y trouvait, en rendant compte de son emploi et de ses occu-

(1) Relation du cardinal Pédicini.

pations avec les plus grands détails. Le Père Jean n'avait jamais parlé à Anna-Maria de la condition de son père ; il n'était pas possible qu'elle le connût naturellement avec tant de précision.

« Elle connut le salut d'un comte assez célèbre. Sa vie adonnée à la mollesse, et dissipée par de continuels voyages, n'avait pas été chrétienne. Néanmoins il obtint la grâce de sa conversion, pour avoir non-seulement pardonné à son ennemi, mais encore pour lui avoir fait du bien. Il devait pourtant demeurer en purgatoire autant d'années qu'il en avait passé d'inutiles en ce monde.

» Elle vit un ecclésiastique très estimé sur la terre, par son activité, par ses prédications et par son zèle, cruellement tourmenté dans le purgatoire, parce qu'au lieu de chercher avec droiture la gloire de Dieu, il avait ambitionné la réputation de grand prédicateur, et ne s'était pas dépouillé de l'amour-propre.

» Elle vit qu'une de ses amies, qui avait eu des lumières surnaturelles, était en purgatoire, parce qu'elle n'avait pas gardé le silence, comme elle devait, et n'avait pas usé fidèlement des dons surnaturels.

» Deux religieux de ses amis furent condamnés au purgatoire ; le premier était mort en odeur de sainteté, et l'autre avait laissé une réputation universelle comme directeur spirituel. Le premier avait, en plusieurs circonstances, montré trop d'attachement à son jugement ; le second avait eu une conduite dissipée les derniers temps de sa vie, quoique ce fût pour l'exercice du ministère.

VI

» Le P. Rossini, de la Compagnie de Jésus, fit recommander aux prières de la Servante de Dieu un jeune novice nommé Valory, mort depuis peu ; Anna-Maria répondit que cette belle âme était allée du lit de mort au Paradis. Le P. Rossini fit connaître alors les vertus du novice.

» M. Roberty, de la Congrégation de la Mission, étant tombé malade, et désirant vivement la mort, afin de s'unir à Dieu, me disait, toutes les fois que j'allais le voir, de prier la Servante de Dieu de vouloir bien lui dire combien de temps il lui restait encore, avant de passer à la vie meilleure ; il croyait sa mort prochaine, et il l'espérait pour un jour qu'il me désignait. La Servante de Dieu me chargea de lui dire que son temps n'était pas encore venu.

» Anna-Maria vit plus tard l'âme de ce prêtre

pieux, dans le soleil mystérieux, voler de son lit dans le ciel ; elle vit encore l'âme d'un prêtre de la Mission quitter la terre et aller droit en Paradis ; et un autre membre de cette Congrégation aller de son lit prendre place parmi les séraphins. Elle vit également le *frère* Félix de Montefiascone, capucin, qu'elle connaissait particulièrement, transporté de son lit de mort au ciel, et son âme bienheureuse, embrasée d'une ardente charité, occuper les premiers trônes du paradis.

» Elle vit aussi l'âme bienheureuse d'un convers mineur de l'Observance d'Amélia, assisté par la sainte Vierge, voler directement de la terre au ciel parmi les esprits célestes les plus élevés.

VII

» Les connaissances que la Servante de Dieu puisait dans le mystérieux soleil étaient certaines et à l'abri de toute illusion. Comme elle y voyait les réunions secrètes des sectes, la physionomie des personnages, leurs plans sanguinaires, leurs obscénités, la noirceur de leurs consciences, lorsqu'un sectaire se présentait devant elle, le mystérieux soleil se couvrait de ténèbres, et elle connaissait toute sa conduite. D'autre part, lorsqu'une âme pure et vertueuse venait la voir, le disque solaire l'indiquait aussitôt. Je me souviens que dom Vincent Pallotti étant venu me voir, causa un instant avec Anna-Maria ; dès qu'il fut sorti, je demandai ce qu'elle avait vu dans le mystérieux soleil pendant ce temps ; elle répondit que le soleil brillait d'un éclat extraordinaire. Elle était ainsi à l'abri de toute erreur et de toute méprise sur la connaissance des consciences : Dieu lui en donna plusieurs fois l'assurance. Voici ce qui m'est arrivé souvent : En retournant à la maison, elle me disait les tentations que j'avais eues, et me donnait des instructions pour me conduire en pareil cas. Plusieurs fois, me voyant pensif et troublé avant de dire la messe, elle me découvrit mes pensées secrètes et l'agitation de mon cœur, et me tranquillisait.

» Un prélat, Mgr Guerrieri, archevêque, donnait la bénédiction du Saint-Sacrement dans l'église de Saint-Barthélemi. La Servante de Dieu, étant dans l'église, vit dans le soleil mystérieux le trouble et les tentations qui tourmentaient ce bon prélat. Après la bénédiction, elle le fit prévenir qu'elle désirait lui parler : il accepta de grand cœur ; elle lui manifesta les peines d'esprit qu'il avait endurées pendant la cérémonie, et lui donna d'excellents conseils ; il en fut si surpris et si consolé, qu'il lui voua une grande affection, et demeura en relation avec elle jusqu'à la mort.

» Il fut une époque où Anna-Maria allait très-souvent à l'église de Saint-André, au noviciat des Jésuites, au Quirinal. Le P. Rossini me pria de lui dire de recommander à Dieu le frère Marcelli, qui souffrait de la pierre. Anna-Maria le fit volontiers; bientôt, elle me chargea de dire que la maladie n'était pas ce qui faisait le plus souffrir le malade, mais que c'étaient des peines d'esprit. En effet, Marcelli avoua qu'il sentait de grandes peines intérieures; il fut soulagé par cette communication. Le P. Rossini conçut une grande estime pour la Servante de Dieu; il me pria de lui dire de recommander à Dieu la Compagnie de Jésus. Je me souviens qu'en cette occasion, elle vit dans le soleil mystérieux les choses relatives à la Compagnie de Jésus, dans le plus grand détail, et connut de nouveau les persécutions aussi injustes que violentes auxquelles elle a été en butte dans ces derniers temps. La vision eut lieu le dimanche du patronage de saint Joseph.

» Une dame anglaise étant gravement malade, le cardinal Weld et lord Clifford, mari de cette dame, mirent tout en œuvre pour la sauver : je connaissais ces messieurs, et je recommandai la malade aux prières d'Anna-Maria.

Celle-ci regarda le soleil, et me dit que Dieu la voulait avec lui, parce que dans sa jeunesse elle avait fait un vœu que Dieu avait accepté (le père, le mari, le confesseur étaient les seuls qui en eussent connaissance). Je portai cette nouvelle au cardinal Weld, qui en fut enthousiasmé et me pria de lui permettre de le dire à lord Clifford. Celui-ci fut vivement surpris de la découverte d'une chose aussi secrète, et avoua que Dieu seul avait pu la révéler, il me pria de lui faire connaître la Servante de Dieu ; je refusai, parce qu'elle me l'avait défendu, comme c'était l'usage en pareil cas. Lord Clifford a paru dans l'enquête, et a confirmé le fait que nous venons de raconter.

» Un homme de bonne famille, au salut duquel Anna-Maria s'intéressait particulièrement, fut sauvé de la manière suivante : La Servante de Dieu m'appela à l'improviste, et me dit de courir à la maison de cet homme, parce qu'il était sur le point de se tuer d'un coup de pistolet ; le dérangement de ses affaires lui avait donné un profond dégoût de la vie. Je courus et le trouvai seul dans sa chambre, extrêmement agité ; je lui dis quelques mots de la part de la Servante de Dieu, et tâchai de le calmer ; il avoua que si j'avais tardé un seul moment, il se serait donné la mort.

VIII

» Un religieux, qui occupait dans son ordre un rang distingué, me dit qu'il avait sous sa conduite une sainte religieuse dont il exaltait les vertus et les dons surnaturels. Je lui parlai de l'entière confiance que j'avais en la Servante de Dieu ; il me pria de la consulter pour savoir ce qu'elle pensait de la religieuse : j'en parlai à Anna-Maria ; elle ne me donna aucune réponse, parce qu'elle était très délicate sur l'article de la charité ; comme j'insistais, elle me dit : « Il est inutile que vous alliez porter la réponse ; ne perdez pas votre temps avec toutes ces visites. » Je compris qu'il y avait là quelque chose de répréhensible ; peu de temps après, le Père fut appelé au Saint-Office avec sa religieuse, et ils furent punis.

» Un religieux très estimé à cause de sa piété, le P. Settimio Poggiarelli, augustinien, me confia qu'un jour, priant pour une affaire qui l'intéressait au plus haut degré, il eut pendant la nuit l'apparition de deux anges qui l'assurèrent de sa réussite. Comme il professait une grande estime pour Anna-Maria, il me dit de la consulter. Anna-Maria jetant un coup d'œil sur le mystérieux soleil, me dit que ces deux prétendus anges étaient deux démons qui avaient pris cette forme pour le tromper, et que l'affaire en question tournerait d'une manière entièrement opposée à ce qu'ils avaient annoncé. » Cela se vérifia à la lettre ; elle découvrit de la même manière plusieurs tromperies que l'esprit de ténèbres employait pour faire tomber les âmes dans l'illusion (1).

Un des premiers prélats de Rome, sous Léon XII, Mgr Cristaldi, était dans l'antichambre du Pape, lorsque entra un de ses amis, qui était précisément le confident de la vénérable ; celui-ci s'aperçut que le prélat était un peu pensif contre son habitude, et prit la liberté de lui en demander la raison. Il répondit : « Je suis un peu en souci pour mon voyage de Naples : ce ne serait rien ; mais le malheur est qu'un Passionniste m'a dit de ne pas y aller, parce que j'y mourrai ; le pis est, ajouta-t-il en souriant, que le Passionniste est un saint homme. Connaissez-vous quelqu'un qui ait des lumières surnaturelles, et puisse prier Dieu pour cela ? Je ne sais que faire ; quoique je croie peu aux prophéties modernes, je suis triste, je l'avoue, parce qu'il s'agit de ma vie. » Le prêtre confident promit de recommander l'affaire à une sainte âme et de porter la réponse.

(1) Relation du prêtre, confident de la Vénérable.

Lorsqu'il en parla à la pieuse femme, elle regarda le soleil et se mit à rire : « Dites-lui de partir content, parce qu'il reviendra en parfaite santé. Comme signe de la vérité de ce que je lui promets, dites-lui que cette pensée qu'il tient secrète dans son cœur, ne se réalisera pas pour cette raison, etc. Qu'il soit content ; il aura un excellent voyage et un heureux retour. » Le confident porta la réponse ; en entendant manifester la pensée qu'il tenait cachée au fond de son cœur, le prélat fut émerveillé : « Je vous assure, dit-il au confident, que cette pensée n'était, pour ainsi dire, pas même entrée dans ma tête, tant je la tenais scellée dans mon cœur ; non seulement je ne l'ai communiquée à personne, pas même à mon confesseur ; mais elle était encore, pour ainsi dire, comme une inconnue pour moi-même. Maintenant, je pars content ; dites à la sainte âme de continuer de prier pour moi. » Il fit tout pour la connaître, et offrit des secours, si on en avait besoin ; mais le confident refusa tout, suivant les recommandations constantes de la pieuse femme. Le prélat fut tellement émerveillé de cette communication, qu'il voulut inviter ses amis à dîner avant son départ, et il leur raconta à table ce qui s'était passé. Ils se mirent tous en mouvement pour tâcher de découvrir la Servante de Dieu ; le seul indice qu'ils eussent, c'est qu'elle avait eu de grands rapports avec Mgr Strambi ; mais toutes leurs démarches échouèrent. Quelque temps après, le prélat devenu cardinal essuya plusieurs maladies auxquelles il était sujet ; il en eut une qui ne semblait pas sérieuse en commençant, et il se flattait d'une prompte guérison. La Servante de Dieu vit sa mort dans le soleil ; et, désirant qu'il mît ordre à sa conscience en temps propice, elle le fit avertir ; il se résigna, suivit son conseil, et mourut peu de jours après. La pieuse femme ne profita de cette relation que pour recommander un pauvre père de famille qui était venu près d'elle pleurer ses misères ; ne pouvant l'aider, parce qu'elle était plus pauvre que lui, elle le fit recommander en son nom au cardinal, qui accorda un secours mensuel tant qu'il vécut.

IX

« Une jeune femme, nommée Ursule Annibali, tout épouvantée et fuyant son mari, se réfugia dans la maison de la Servante de Dieu, afin de mettre sa vie en sûreté. Le mari furieux la cherchait de toutes parts ; Anna-Maria l'accueillit charitablement et la recommanda à Dieu. Après avoir jeté un coup d'œil sur le soleil mystérieux, elle me dit : « Allez trouver le mari de cette in-

» fortunée : vous lui direz que sa femme est ici ;
» je vous préviens qu'en vous voyant il accourra
» vers vous avec un grand couteau ; ne vous
» effrayez pas ; avec votre autorité sacerdotale,
» faites lui une sévère remontrance ; au premier
» mot, le couteau tombera de ses mains, il pleu-
» rera, il se mettra à genoux, et deviendra un
» agneau. » C'est ce qui eut lieu ; Anna-Maria
l'invita à déjeuner avec sa femme, leur fit une
bonne exhortation, ils se réconcilièrent et par-
tirent en paix.

» Nous rencontrâmes le cardinal Marazzani
se rendant à Saint-Pierre, après sa promotion,
comme c'est l'usage ; je dis à Anna-Maria de
regarder la cérémonie, elle jeta un coup d'œil sur
le soleil, et me répondit : « Aujourd'hui grande
» pompe, dans un mois au tombeau. » En effet,
le cardinal fut enterré un mois après.

» Le serviteur de Dieu, dom Vincenzo Pallotti,
vint me voir tout affligé, en me disant qu'un de
ses cousins, saisi de tristesse par le mauvais état
de ses affaires, s'était enfui de son pays ; on ne
le trouvait pas, malgré toutes les recherches :
cela faisait craindre qu'il ne se fût donné la mort.
Dom Vincenzo me dit de faire prier Anna-Maria.
La Servante de Dieu, levant les yeux vers le
mystérieux soleil, vit le lieu où cet homme se
trouvait ; elle le fit savoir immédiatement à dom
Pallotti, afin qu'il se tranquillisât.

» Anna-Maria vit dans son soleil les massacres d'Espagne, la guerre de la Grèce, la révolution de Juillet, à Paris, et la guerre de la Pologne. Elle voyait les localités, la physionomie des combattants comme dans un miroir. Je me souviens fort bien, à ce sujet, qu'à l'époque de la dernière guerre de Pologne, le marquis Charles Bandini venait voir la Servante de Dieu, pour lui recommander ses besoins particuliers. Connaissant son caractère et sa sagesse, je ne refusai pas de lui communiquer les visions dont je viens de parler, à mesure qu'Anna-Maria m'en faisait part; je décrivais donc les lieux et les personnes que la Servante de Dieu avait vus. Le marquis, qui lisait les journaux et connaissait bien la géographie, ainsi que les principaux acteurs de la guerre, prenait plaisir à dire dans les salons ce que l'on ne pouvait apprendre que dans plusieurs jours; et, comme ces nouvelles étaient confirmées par les événements, tout le monde était fort étonné. Le prince Gagarin, ambassadeur russe, le questionna plusieurs fois; le marquis me le dit confidentiellement.

» Toutes les fois que le cardinal Pédicini devait se rendre dans son diocèse de Palestrine, il venait voir la Servante de Dieu, pour recevoir ses instructions; elle lui faisait connaître les désordres qui régnaient dans le clergé et le peuple, ainsi que les remèdes qu'il fallait y apporter, et le prévenait de ce qui allait lui arriver ; et tout s'accomplissait comme elle l'avait dit. Le cardinal concevait de plus en plus une si grande estime pour elle, qu'il ne remuait pas une paille sans la consulter.

» La reine d'Étrurie (1), duchesse de Lucques, était fort inquiète au sujet de son frère le roi d'Espagne ; le bruit courait dans Rome que ce prince était tombé dans les pièges de ses ennemis. La reine fit appeler Anna-Maria, qui la tranquillisa pleinement. Elle indiqua ensuite le lieu où le roi se trouvait, la physionomie des gens de sa cour. La reine sut plus tard que tout était parfaitement vrai.

» Marie-Louise tomba malade à Rome ; Mgr Strambi et Mgr Sala s'intéressèrent à sa guérison ; ils proposèrent un *Triduum* à Saint-Jean-et-Paul, en exhortant l'auguste malade à implorer l'intercession du vénérable Paul de la

(1) Étrurie, aujourd'hui grand duché de Toscane. Par le traité de Lunéville, signé en 1801 entre la République française et l'Autriche, le grand duché de Toscane fut érigé en royaume d'Étrurie, et donné au jeune prince Louis de Parme, qui mourut en 1803. Après sa mort, le royaume d'Étrurie fut gouverné par sa veuve Marie-Louise, fille de Charles IX, roi d'Espagne, qui administrait comme tutrice de son fils en bas âge. En 1807, elle résigna ce pouvoir en vertu d'un traité passé entre la France et l'Espagne. En 1808, le royaume d'Etrurie fut absorbé par l'empire français, et forma trois départements.

Croix, fondateur des Passionnistes. Le *Triduum* fut célébré avec la magnificence que réclamait la haute position de la reine ; les deux prélats faisaient espérer la guérison, et les espérances semblaient fondées. En commençant le *Triduum*, Mgr Strambi me chargea de prévenir Anna-Maria de prier de son côté, et de dire son sentiment sur la maladie, avec franchise et simplicité ; elle répondit par mon intermédiaire : « Que » Monseigneur ne devait pas s'avancer autant, » parce que son fondateur et lui-même y feraient » une mauvaise figure. »

» J'allais voir journellement Mgr Strambi ; pendant quelques jours, les nouvelles de la reine étant assez bonnes. Il me disait en souriant : « Marie-Louise est encore mieux aujourd'hui, » voyez-vous ! dites-le à Anna-Maria. » Je répondis : « Cela me fait plaisir, je voudrais » qu'elle obtînt la grâce. » Mais tout à coup la malade rechuta et le danger de mort devint imminent. Les gens de la cour n'osaient pas lui annoncer qu'elle devait se préparer au voyage de l'éternité. Comme ils connaissaient la grande estime que la reine avait pour Anna-Maria, ils l'envoyèrent prendre en voiture. Anna-Maria se rendit immédiatement auprès de la duchesse, lui annonça prudemment qu'elle devait se préparer à la mort, l'exhorta à se soumettre à la volonté divine et à mettre ordre à ses affaires temporelles. La reine ne s'y attendait pas, parce qu'on l'avait bercée de l'espoir de sa guérison : il lui en coûta de se résigner ; elle le fit pourtant avec piété, et eut le temps de faire son testament. Lorsque Mgr Strambi apprit le danger où était la reine, il s'écria en ma présence : « Ah ! si » j'avais écouté Anna-Maria! » Le fait est que tout ce que la Servante de Dieu avait prédit s'accomplit.

X

« Pendant que j'étais secrétaire du maître de chambre de Sa Sainteté, un consul russe, nommé Pontevès, vint me voir avec sa femme et un petit enfant nommé Alexandre ; il était chargé de plusieurs affaires pour lesquelles il demandait une audience de Léon XII. Anna-Maria ayant vu cette famille, me dit : « Cette pauvre famille va » être détruite tout entière en un instant ». En effet, elle périt dans un naufrage avec d'autres passagers.

» En 1815, après le retour du pape à Rome, Mgr Strambi pria Sa Sainteté Pie VII d'accepter sa démission de son évêché, afin de s'exonérer de la charge des âmes, et de passer ses derniers jours dans la retraite. Les choses furent disposées de manière que monseigneur se flattait d'avoir obtenu cette grâce. Néanmoins, à cause de la confiance qu'il avait dans la Servante de Dieu, la veille du jour où il devait aller voir le Pape, il me chargea d'aller de sa part chez elle, et de lui dire que le lendemain il allait offrir sa démission au Saint-Père, et qu'elle priât à cette intention. Anna-Maria leva les yeux au ciel, et me fit sur-le-champ la réponse suivante : « Dites » à monseigneur que, demain, le Pape le recevra » très brusquement ; il n'acceptera pas sa dé- » mission, et lui ordonnera de partir sur-le- » champ pour son diocèse ». Je portai la réponse ; monseigneur sourit, et me dit : « Cette fois-ci, » la sainte cigale s'est trompée ; sachez, mon » enfant, que j'ai tout arrangé avec l'éminentis- » sime cardinal Pacca, secrétaire d'État, qui en » a prévenu Sa Sainteté, et je vais plutôt remer- » cier que demander ». Dieu permit que moi-même, qui avais porté la réponse, j'accompagnasse Mgr Strambi à l'audience, et me trouvasse présent à la réception du Pape. En traversant l'antichambre où était Mgr Strambi, Pie VII montra de l'émotion en le voyant, et lui dit d'un air sérieux : « Nous savons déjà pour- » quoi Votre Seigneurie est venue. Tout le monde » prétexte la santé ; nous aussi, nous sommes » infirme, et nous portons le poids du monde ; » qui enverrons-nous pour évêque ? tous veulent

» se démettre ; que Votre Seigneurie parte et » qu'elle parte sur-le-champ ». Et il le laissa brusquement. Le prélat demeura là encore quelque temps, et demanda à Mgr Doria une audience particulière, pour quelques affaires de son diocèse ; après l'audience, monseigneur monta en voiture. Nous ne disions rien ; arrivés à l'arc de Titus, monseigneur rompit le silence et me dit : « Vous avez entendu, mon enfant ; je suis tranquille et je n'y pense plus ». Je le dis à Anna-Maria, qui m'assura que monseigneur viendrait passer ses derniers jours à Rome, comme il le désirait, mais seulement pour y porter ses os, c'est-à-dire peu de temps. Plus tard, les infirmités ne faisant que croître, le bon prélat tenta encore de donner sa démission ; il ne put rien obtenir, et il perdit entièrement l'espoir de passer les derniers jours de sa vie à Rome. Il m'écrivit d'en parler à Anna-Maria : elle confirma ce qu'elle avait annoncé jadis. En effet, après la mort de Pie VII, Léon XII appela Mgr Strambi pour en faire son conseiller ; monseigneur laissa son diocèse, et vint demeurer auprès du Pape au Quirinal ; il me pria d'aller le voir tous les soirs ; il me faisait part, avec circonspection, de la conférence secrète qu'il avait eue avec le Saint-Père, afin que j'en fisse part à Anna-Maria, dont les conseils étaient d'un grand prix à ses yeux. Léon XII tomba gravement malade après son élection ; Rome entière était dans l'anxiété et craignait de perdre le Pontife qui venait à peine de s'asseoir sur le trône. Mgr Strambi envoya quelqu'un chez la Servante de Dieu lui demander de prier avec ferveur pour le Pape, qui allait mourir. Anna-Maria était dans sa cuisine, quand l'envoyé du prélat entra chez elle. Après avoir jeté un regard sur le soleil, elle répondit en souriant : « Non, non, le Pape ne s'en va pas ; il a » encore du temps pour travailler au bien de » l'Église ; dites plutôt à monseigneur que c'est » lui qui doit se préparer à mourir. » L'envoyé lui dit que le prélat se portait très bien ; alors elle dit d'un ton très sérieux : « Je vous assure que » dans quelques jours monseigneur sera exposé » dans l'église ». On était alors aux fêtes de Noël. Mgr Strambi était exposé dans l'église des Passionnistes vers les premiers jours de janvier.

Dans sa maladie, Mgr Strambi perdit la parole et l'usage de ses facultés ; les bons Pères Passionnistes étaient bien peinés de ne pouvoir lui donner les sacrements, ils cherchaient le moment où il reprendrait connaissance ; mais on commençait à perdre tout espoir, en voyant que le malade marchait à grands pas vers l'éternité. J'entrais fréquemment dans la chambre du prélat ; le voyant dans cet état, je me sentis inspiré d'aller chez Anna-Maria, afin qu'elle priât la bonté divine de lui faire la grâce de pouvoir communier ; je la trouvai ce soir-là tricotant son bas devant une table. Je me souviens parfaitement qu'en entendant ce que je demandais, elle quitta son travail, s'accouda sur la table, mit sa tête dans ses mains, et pria pendant quelques minutes ; puis, elle leva les yeux, et, se tournant vers moi, me dit : « Avertissez ceux qui l'assistent, et dites-leur de commencer la messe à l'aurore pour lui donner la communion ; il aura l'esprit lucide et libre, il pourra communier, il aura même le temps de faire l'action de grâces ; puis, il retombera en léthargie, d'où il passera au repos éternel ». J'allai porter cet avis aux personnes qui assistaient monseigneur : tout s'accomplit à la lettre (1).

XI

» Je connaissais la famille Redington, irlandaise, elle était logée dans un hôtel de la place du Peuple. La dame était pieuse, mais d'un caractère raide et altier ; elle se recommanda à mes prières. Je le dis à Anna-Maria, qui se trouvait au lit ; elle regarda le soleil, et me chargea de dire des choses qui mettaient à découvert les plus secrètes pensées de la noble dame. Je la

(1) Relation du confesseur et du confident.

trouvai au moment où elle allait en soirée ; en m'entendant parler, elle fut stupéfaite, et tomba à mes pieds en disant : « Vous êtes un saint, tout » ce que vous me dites est parfaitement vrai ». Je répondis que je n'étais pas un saint, et que je n'étais en tout cela que l'écho d'une âme pieuse. Madame Redington conçut une grande estime pour la Servante de Dieu ; elle fut la marraine de confirmation d'une de ses nièces.

» Le fils d'un négociant de Rome, ayant été frappé d'une maladie très dangereuse, ses deux tantes vinrent le recommander aux prières de la vénérable Anna-Maria. Elle se recueillit un instant, jeta un coup d'œil sur le mystérieux soleil, et leur dit : « Soyez sans crainte cette fois ; mais » n'oubliez pas que, dans cinq ans, le jeune homme » fera une chute de cheval et sera transporté à sa » maison à moitié mort, et ne pouvant plus par- » ler : invoquez aussitôt avec foi le saint nom de » Jésus, il reprendra l'usage de la parole ; faites-le » confesser aussitôt et faites-lui administrer les » sacrements, il mourra peu après : car sa mala- » die d'entrailles est une de celles pour lesquelles » il n'y a point de remède ». Une des tantes mourut, mais l'autre ne perdit pas de vue l'aver- tissement. Cinq ans après, le jeune homme tomba de cheval : sa tante invoqua le nom de Notre- Seigneur, et le malade ayant repris la parole, se confessa, reçut le Viatique et l'Extrême-Onction, et passa à l'éternité. L'autopsie du malade manifesta la maladie d'entrailles que la vénérable Anna-Maria avait annoncée.

» Anna-Maria faisait usage de son soleil mystérieux avec la plus grande circonspection. Si on la consultait sur quelque maladie, elle renvoyait au médecin ; supposé que celui-ci devinât juste, elle gardait le silence ; si elle voyait que le médecin se trompait, elle disait au malade : « Mon » fils, vous pouvez essayer tel remède, car votre » mal vient de telle chose, et voici les remèdes » qu'il faut employer, etc... » C'est ainsi qu'elle agissait avec ses amis intimes. Un autre venait se plaindre d'avoir perdu une clef ou sa tabatière. Anna-Maria disait gaiement : « Cherchez-la : » est-ce que Dieu est obligé de protéger aussi les » étourdis ? » Lorsque toutes les recherches étaient inutiles, elle disait en souriant : « Allez à » tel endroit, c'est là que vous l'avez laissée ; ou » bien, telle personne l'a trouvée, faites-vous-la » rendre : mais soyez plus attentif à ce que vous » faites ».

XII

» Un matin, la Servante de Dieu, allant se confesser, au père Ferdinand de Saint-Louis, lui donna la nouvelle que son Général, qui se trouvait en Espagne pendant l'invasion française, avait été massacré, ainsi que son compagnon, par les Français, après avoir subi de mauvais traitements, en allant d'un lieu à un autre, qu'elle désigna, si je me souviens bien ; et qu'ayant souffert tout cela pour l'amour de Dieu, leurs âmes s'étaient envolées directement au Ciel. Le père fut très surpris de la nouvelle, et en fit part à ses religieux ; il avait une grande considération pour Anna-Maria, à cause de sa propre expérience. Un mois après, il reçut des lettres qui lui apprirent tout ce qu'Anna-Maria avait annoncé ; la communauté, voyant l'accomplissement de la première partie, ne douta pas de la réalité de la seconde, à savoir que les âmes de ces deux religieux étaient en Paradis. Le fait m'a été raconté plusieurs fois par le Père Jean de la Visitation ; je l'avais déjà appris de la bouche d'Anna-Maria, qui devait tout me dire par obéissance.

» Le général Alexandre Michaud raconta que, s'étant rendu à Rome pour le jubilé que Léon XII avait accordé en 1825, il entendit, pendant son séjour dans cette ville, un bruit vague de la mort de l'empereur Alexandre, de Russie. Cette nouvelle lui causa une grande agitation ; il était aide de camp de l'empereur, et il avait pour lui une grande affection ; il courut à l'ambassade russe, où on lui dit que cette nouvelle devait être fausse et propagée par les libéraux, attendu que les dernières dépêches n'en faisaient aucune mention. Ces assurances ne satisfirent pas entièrement le général ; il se rendit chez la reine Marie-Thérese de Sardaigne, veuve du roi Victor-Emmanuel : elle l'assura pareillement que les dernières lettres de Vienne ne disaient pas un mot de cette triste nouvelle ; il fit part de sa peine à un ami, qui lui conseilla d'aller consulter une pauvre femme, qui jouissait d'une grande réputation de sainteté ; il se rendit chez elle, et dès qu'il eut dit quelle était sa crainte, elle répondit que la nouvelle n'était que trop vraie. Le général fit observer que les dépêches de l'ambassade russe, ainsi que les plus récentes lettres que la reine de Sardaigne avait reçues de Vienne, ne renfermaient rien qui pût accréditer le moins du monde ce bruit ; elle ajouta sans hésiter : « Demain l'ambassade russe recevra la nouvelle officielle. » Le général m'assura que s'étant empressée d'aller à l'ambassade russe dès le lendemain, il trouva que la prédiction de la pieuse femme n'était que trop vraie ; elle le consola en lui disant : que l'âme de l'empereur Alexandre était en Purgatoire, et qu'il était mort catholique. Pour confirmer la consolante nouvelle de la conversion de l'empereur, le général m'assura qu'il avait appris de bonne source qu'un cardinal, en célébrant le saint sacrifice de la messe, avait nommé explicitement l'empereur Alexandre dans le memento des morts, et que son chapelain pensant que c'était l'effet d'une distraction, lui fit entendre délicatement qu'il ne réfléchissait pas que l'empereur était schismatique ; le cardinal répondit qu'il savait ce qu'il faisait. Anna-Maria avait vu dans le soleil la mort de l'empereur; les causes de sa mort, et son âme sauvée, parce qu'il avait usé de miséricorde envers le prochain, respecté le Souverain Pontife, vicaire de Jésus-Christ, et protégé l'Église catholique.

» Le général, ressentit la plus vive douleur de la perte de son souverain; il craignait cependant d'entreprendre en hiver le long voyage de Russie ; il craignait surtout les intrigues de la cour, où il avait beaucoup d'ennemis, et il ne savait pas quel accueil il trouverait auprès du nouvel empereur. Dans sa profonde affliction, il alla voir Anna-Maria; elle lui donna l'assurance qu'il ferait un bon voyage, qu'il serait bien reçu par le nouvel empereur, et qu'en somme, au lieu de s'affliger, il devait être plein d'espoir; tout cela s'accomplit. Le général écrivit de Saint-Pétersbourg, pour remercier la famille qui lui avait fait connaître Anna-Maria.

» Pendant que j'étais secrétaire du maître de chambre de Sa Sainteté Léon XII, Mgr Lambruschini vint à l'audience du pape, avant de partir pour sa nonciature de Paris; comme je le connaissais depuis longtemps, et que d'ailleurs Mgr Strambi m'avait souvent parlé de lui, je m'approchai pour lui souhaiter un bon voyage; il me remercia et me dit de le recommander à Dieu. Je répondis : mes prières sont faibles; mais je ferai prier pour vous une bonne servante de Dieu, que Mgr Strambi connaît parfaitement. Je parlai à Anna-Maria; elle regarda le soleil, et me chargea de dire à monseigneur que son voyage serait heureux, mais que son séjour serait pénible; qu'il devait, par conséquent, se préparer à un long et douloureux martyre. Le voyage fut heureux; le reste est connu de ceux qui savent ce qui se passa en France par rapport à la personne de Lambruschini.

XIII

» Certaines circonstances l'ayant obligée de voir l'ambassadeur d'une grande puissance au-près d'un gouvernement d'Italie, elle commença par répondre exactement à ses questions; puis, elle lui exposa toute sa vie, les événements de sa jeunesse, les personnes qu'il connut pendant la révolution française, son arrestation pendant la nuit, et tout le reste de son existence, avec les fautes qu'il avait commises durant sa longue carrière ; l'ambassadeur était stupéfait. La pauvre femme aborda la politique, et fit un exposé de la situation, qui augmenta l'étonnement du diplomate. Elle décrivit clairement les affaires des cours de l'Europe et du reste du monde : comment tous les cabinets politiques étaient attentifs à discerner les effets de leur action et de leurs intrigues, dont la plupart se dissipaient comme la fumée ; comment les intrigues ourdies par telle cour, dans tel but, avaient été déjouées par la Providence; quel doit être le but des souverains, la fidélité des ministres et leur circonspection; quelle était la politique du gouvernement ottoman dans ses relations avec la cour N... qui, de son côté, poursuivait tel but, et employait tel moyen, etc... En un mot, la pauvre femme décrivit le monde politique, les gouvernements, la diplomatie, les négociations, les intrigues secrètes, dont elle annonça le résultat imprévu, et bien contraire aux vues et aux moyens qu'on employait. L'ambassadeur demeura plus d'une heure avec la pauvre femme ; en sortant, il avait les larmes aux yeux, et dit à la personne qui l'avait conduit : « Quel prodige ! quelle merveille ! comment une » femme peut-elle savoir tout cela ? on ne peut » nier qu'elle ne soit remplie de la science

» divine : elle a le monde entier sous ses yeux,
» comme je tiens ma tabatière à la main, tandis
» que nous, vieux diplomates, nous ne savons
» pas même ce qu'on traite secrètement dans
» les cours auxquelles nous sommes attachés. »
Ce diplomate était un ambassadeur de France
à Turin.

« Le cardinal Galeffi étant tombé malade en
même temps que le cardinal Weld, on demanda
à la Servante de Dieu de prier pour leur guérison. Quoique la maladie du premier semblât
alors très grave et que celle du second parût ne
donner aucune inquiétude, Anna-Maria, ayant
regardé le soleil, dit que le cardinal Weld
mourrait, et que le cardinal Galeffi se relève-
rait ; mais on devait avertir ce dernier d'user de
grandes précautions pendant la convalescence,
et de s'abstenir absolument d'aller dans les
parloirs des couvents ; sinon il rechuterait, et
ce serait sans remède. Lorsqu'on porta cette
communication au cardinal Galeffi, il ne chercha
pas à connaître la bonne âme qui la lui transmettait ; il sut pourtant qu'elle était pauvre, il voulut
lui faire l'aumône ; mais, suivant les instructions
d'Anna-Maria, l'aumône ne fut pas acceptée,
Anna-Maria n'avait jamais vu le cardinal Weld :
elle était dans son lit quand on lui parla de lui ;
elle décrivit cependant ses traits, son teint et
ses manières, et elle ajouta : allez, vous le trou-

verez à l'article de la mort, assisté par son Père jésuite. » Le cardinal Galeffi ne fut pas fidèle à la recommandation, il rechuta gravement, et mourut peu de jours après.

XIV

« M'étant mariée avec le prince de Palestrina, je fréquentai l'église de Sainte-Marie de la Victoire, parce qu'elle est plus rapprochée de mon palais, et je pris pour confesseur le révérend père Philippe-Louis de Saint-Nicolas, Carme déchaussé. Par disposition de la divine Providence, la pieuse femme qui se nommait Anna-Maria Taïgi vint se confesser, elle aussi, au même confesseur, pendant bien des années et jusqu'à l'époque où elle tomba malade. Cela me fournit l'occasion de la mieux connaître, et d'établir des relations qui me permirent d'apprécier sa grande piété, ses vertus éminentes, et surtout les lumières extraordinaires que Dieu lui communiquait. Aussi, j'aimais beaucoup à conférer avec elle toutes les fois que l'occasion se présentait ; et je remarquais dans ses entretiens qu'elle était profondément pénétrée des maximes de notre sainte religion, et d'un respectueux attachement à la sainte Église catholique, apos tolique et romaine. Lorsque je ne pouvais la voir, je lui écrivais ou j'envoyais quelqu'un qui eût sa confiance et la mienne ; elle priait Dieu pour moi, pour une affaire ou pour une autre, et le résultat était toujours comme elle me le prédisait.

» En parlant ou écrivant, elle était respectueuse et prudente, en même temps franche et cordiale. Mes enfants étant malades, je recourais à elle, parce que j'avais de bonnes raisons d'avoir confiance en ses prières ; j'en expérimentai les heureux effets, ainsi que pour d'autres choses concernant ma famille ou mes besoins particuliers.

» Mon beau-frère, Mgr Barberini, à cette époque maître de chambre du pape, ayant été atteint d'une maladie mortelle, peu avant sa promotion au cardinalat, je fis savoir à la pieuse femme le dangereux état où il se trouvait : elle y prit aussitôt l'intérêt que lui suggérait sa charité. La terrible maladie s'aggrava en peu de temps, au point d'inspirer de grandes craintes ; néanmoins, la pieuse femme me fit dire de ne rien craindre, en me conseillant de recourir à la Vierge de Saint-Augustin, et d'envoyer à cet effet six jeunes filles nu-pieds pour y prier, ainsi qu'une petite offrande de cierges ; je le fis. Elle me dit aussi de recourir à l'intercession de saint Philippe de Néri, protecteur particulier de notre famille, et de ne pas m'inquiéter. En effet, lorsqu'on parlait d'administrer l'Extrême-Onction au malade, il eut à l'improviste une crise qui le sauva. Les médecins stupéfaits durent avouer qu'on ne pouvait attribuer ce changement qu'à un vrai miracle de saint Philippe de Néri. La susdite Taïgi m'avait envoyé une relique du saint pour faire le signe de la croix sur le front du malade, et la suspendre à son cou. Nous l'avions fait (1). »

« Un des premiers cardinaux avait résolu de faire sa promenade du soir dans un certain endroit de Rome. Anna-Maria voyant dans le soleil le piège que les sectaires avaient préparé, chargea aussitôt le prêtre, son confident, d'aller avertir ce digne prince de l'Église de ne pas aller à tel endroit pour sa promenade, comme il l'avait résolu, mais de prendre une autre route.

« Cette communication surprit vivement le cardinal, qui n'avait manifesté à personne son intention.

» Elle vit dans le mystérieux soleil la déroute de l'armée française devant Moscou au moment où elle s'accomplissait, elle me décrivit toute la défaite de Napoléon, et m'en donna des détails bien avant qu'on pût en avoir la nouvelle. Elle vit aussi sa mort à Sainte-Hélène, son

_____

(1) Attestation de la princesse Barberini.

lit, ses dispositions, son tombeau, les cérémonies de ses funérailles, le sort de ce prince dans le temps et l'éternité.

XV

« Anna-Maria vit dans le mystérieux soleil l'élection de tous les papes depuis Pie VII ; elle prédit leurs actes et les événements qui devaient avoir lieu sous leur pontificat, longtemps avant que ces événements s'accomplissent. (Proc., fol. 342.)

» A l'époque où le général Miollis commandait à Rome, Anna-Maria vit le glorieux retour de Pie VII. Cependant, aucune lueur d'espérance ne se montrait à cette époque ; elle décrivit les fêtes que l'on ferait, et dit que le pape officierait pontificalement à Saint-Pierre, la première fois, le jour de la Pentecôte ; la prédiction s'accomplit dans toutes ses parties. Elle annonça aussi que les impies triompheraient encore, et que les gens de bien seraient de nouveau opprimés.

» Dès le retour de Pie VII, elle vit dans cette mystérieuse lumière les plans homicides des sociétés secrètes contre Rome, et particulièrement contre le haut clergé ; elle se rendit bien des fois à Saint-Paul pour épancher son cœur devant Dieu ; c'est surtout alors que son ardente charité la portait à intercéder par de ferventes et continuelles prières, et à s'offrir à sa divine justice comme victime de son bon plaisir. Ses prières à ce sujet furent si persévérantes et si ferventes, que Dieu lui promit expressément que les plans impies ne réussiraient jamais dans Rome ; que, s'il leur laissait le champ libre pour agir, il les arrêterait toujours au moment où ils se croiraient sur le point de triompher ; mais que de son côté, elle devait se disposer à satisfaire à sa justice en compensation de grâces aussi signalées. Aussi, toutes les fois que les machinations des loges maçonniques furent déjouées, la Servante de Dieu fut frappée de maladies mortelles, de persécutions, de misères, de calomnies et de terribles peines d'esprit. La pieuse femme ne se décourageait jamais ; dès qu'elle voyait reparaître dans le mystérieux soleil les plans déjoués, ourdis de nouveau, tels que le massacre des prêtres et des hauts dignitaires de l'Église, etc., elle rappelait au Seigneur sa promesse, sauf à payer ensuite le prix de ces grâces par de nouvelles souffrances ; ce phénomène dura toute sa vie. Que l'Eglise est redevable aux prières et aux pénitences de cette pieuse femme ! que ne lui doit pas la ville de Rome en particulier !

» Elle vit l'incendie de la basilique de Saint-Paul, quelques mois avant l'événement; étant en prières devant le saint Crucifix, elle sut que Dieu permettait ce malheur, en punition des profanations qui se commettaient dans ce lieu. Il lui fut dit en général : « Je veux en faire un monceau de ruines. » La pieuse femme pria pour arrêter la justice divine.

XVI

» A peine Anna-Maria fut-elle sortie de la maladie mortelle dont elle fut accablée sous le pontificat de Pie VII, que Dieu lui révéla, dans le mystérieux soleil, de nouveaux plans, plus terribles que les précédents et qui étaient sur le point d'éclater. Elle s'offrit de nouveau à Dieu, qui, de son côté, remplit sa promesse. Les sociétés ne se lassèrent jamais de conspirer sous Léon XII, Pie VIII et Grégoire XVI ; mais le Seigneur, agréant pleinement la générosité et l'esprit d'immolation de son humble Servante, déjoua constamment les conspirations des impies qui avaient déjà fixé l'heure et le moment de leur triomphe. Plus d'une fois, diverses circonstances imprévues, et même l'arrestation des

chefs, firent avorter leurs projets. A cette occasion, le divin époux lui disait souvent que ses
souffrances étaient nécessaires pour diverses
fins qu'elle devait être contente de ne pas
connaître. Ces souffrances lui étaient annoncées
par des coups redoublés qu'elle entendait distinctement dans son cœur : ils étaient plus ou
moins forts, suivant la grandeur des maux que
Dieu lui réservait ; elle se résignait tranquille-
ment, quoique la nature en sentît toute l'amertume ; Dieu voulait qu'elle sentît cette amertume,
pour augmenter ses mérites. »

« En 1830, pendant la révolution qui mit
Louis-Philippe sur le trône, Anna-Maria vit cette
catastrophe, elle me donnait les détails des trois
journées, jour par jour, comme si elle eût été
présente, et avant que l'on pût recevoir aucune
nouvelle. Elle connut et me décrivit de la même
manière la révolution de Bruxelles, les batailles
de la guerre de Pologne : elle me les raconta dans
les plus grands détails, à mesure qu'elles avaient
lieu, ainsi que les incendies, la désolation des
villes et des populations ; tout cela m'était
annoncé avant que la plus rapide dépêche, même
télégraphique, eût pu en apporter la nouvelle.
Je racontais quelquefois ces événements dans
les salons, sans faire connaître la source d'où je
les tenais ; et tout le monde était émerveillé de
m'entendre dire, avec une si grande précision,

des choses dont les nouvelles ne pouvaient pas
encore être arrivées (1). »

« C'est Anna-Maria qui avertit qu'on devait
s'empresser de faire donner les derniers sacrements à Pie VII : les médecins prétendaient
qu'il ne courait aucun danger; mais la Servante
de Dieu fit savoir qu'on ne devait pas s'en rap-
porter à leurs promesses, et qu'il ne tarderait pas
à mourir; et le fait le prouva bientôt.

» Lorsque j'étais le secrétaire de Mgr le maître
de chambre de Léon XII, je me laissais conduire
en tout par la Servante de Dieu. Le soir, je lui
lisais la liste des personnes qui avaient demandé
audience pour le lendemain; après avoir regardé le soleil, elle me disait de prendre garde à
certains étrangers, et d'attendre, avant de les
admettre, d'avoir pris des renseignements auprès
de leurs ambassadeurs ; il se présenta entre
autres un sectaire qui avait de mauvaises inten-
tions et que j'écartai.

» Lors de la maladie de ce Pape de sainte mémoire, Anna-Maria reçut de grand matin l'ordre
du céleste époux de prier pour son passage à
l'éternité ; elle entendit ces paroles : « Lève-
toi et prie pour mon vicaire, qui est sur le
point d'être appelé à rendre ses comptes à
mon tribunal. » Elle se leva aussitôt, pria,

(1) Attestation du marquis Bandini.

et l'on apprit la mort du Pape le lendemain.

» Je me souviens fort bien qu'après la mort de Léon XII, pendant que les cardinaux étaient au conclave, et lorsque personne ne pouvait prévoir l'époque où il plairait à Dieu de consoler l'Église par l'élection du nouveau Pape, Anna-Maria annonça l'élection huit jours avant qu'elle fût faite, en ajoutant que le pontificat de Pie VIII serait court.

XVII

» J'allai avec la Servante de Dieu visiter le crucifix de Saint-Paul-hors-les-murs. Le cardinal Capellari y vint après, de Saint-Grégoire ; Anna-Maria occupait l'unique prie-Dieu qui se trouvât dans la chapelle : j'essayai de la secouer, afin qu'elle cédât la place au cardinal ; mais elle était en extase, et ne s'aperçut de rien. Le bon cardinal me fit signe de la laisser tranquille, et s'agenouilla devant la balustrade. Anna-Maria sortit de son sommeil extatique, et se mit à regarder fixement son soleil, et le cardinal. En retournant à Rome, je la questionnai sur ce regard fixe qu'elle avait arrêté quelque temps sur le cardinal Capellari. Comme elle devait par obéissance me découvrir toute chose, elle me dit franchement : « C'est le pape futur. » Elle me décrivit les signes allégoriques qu'elle avait re-marqués à ce sujet dans le mystérieux soleil : c'était une petite colombe entourée de rayons d'or, qui se posait sur lui ; elle était couverte de nuages qui indiquaient les épreuves du pontificat. A l'époque où Anna-Maria prédit l'élection du cardinal Capellari, Pie VIII n'était pas très bien : elle commença dès lors à faire de fer-ventes prières pour lui ; il mourut quelques mois après.

» La Servante de Dieu vit dans le mystérieux soleil le catafalque préparé pour les funérailles du Pontife. Le soir même, j'en prévins le car-dinal ; celui-ci témoigna une vive surprise ; mais, connaissant fort bien par expérience que les choses communiquées à Anna-Maria se vérifiaient toujours, il ne douta pas de ce que je lui annonçais : Pie VIII mourut peu de jours après.

Pendant la vacance du Saint-Siège et durant les conclaves, la Servante de Dieu redoublait ordinairement ses prières et ses pénitences, pour qu'il plût à Dieu de donner à l'Église un pasteur qui sût la gouverner et la défendre. Le conclave s'étant donc réuni, Anna-Maria vit de nouveau paraître dans le soleil les signes de l'élection du cardinal Capellari, une petite colombe portant la croix, une autre avec les clefs, une troisième portant la tiare, deux autres buvant dans un calice aux armes des Camaldules : elle vit en même temps la révolution qui fut comprimée, et toute la suite du pontificat.

» Après l'élection de Grégoire XVI, la révolution éclata dans l'État pontifical. Anna-Maria vit les plans sanguinaires des sociétés secrètes, surtout contre les ministres du sanctuaire ; on ne saurait dire toutes les prières, les sacrifices, les pénitences qu'elle offrit à Dieu avec toute l'énergie de son âme. Dieu, qui l'aimait particulièrement, ne sut pas lui refuser une grâce demandée avec tant de confiance et de zèle ; mais, pour accroître ses mérites, il lui révéla que sa justice se satisferait sur elle-même, pour tant de péchés qui se commettaient et se commettent dans cette ville. Elle se résigna à la volonté divine, pourvu que l'Église et l'État pontifical fussent préservés de si grands maux; en effet il lui en coûta de terribles souffrances, ainsi qu'une longue maladie, sans compter le cortège ordinaire des peines de famille et des autres tribulations de tout genre. Après les événements du pontificat de Grégoire XVI, la Servante de Dieu connut aussi toute la suite glorieuse et tourmentée de celui de son successeur ; elle annonça l'avènement de Pie IX... etc...

» Anna-Maria parlait souvent au prêtre, son confident, de la persécution que l'Église doit traverser, et de la malheureuse époque où l'on verrait une foule de gens, que l'on croyait esti-mables, se démasquer. Elle demanda quelque-fois à Dieu quels seraient ceux qui résisteraient à cette terrible épreuve ? Il lui fut répondu : « Ceux auxquels j'accorderai l'esprit d'humilité. »

» C'est pourquoi Anna-Maria établit dans sa famille l'usage de réciter, après le Rosaire du soir, trois *Pater, Ave, Gloria Patri*, à la sainte Trinité, pour obtenir qu'elle daignât, par sa miséricorde et sa bonté infinie, mitiger le fléau que sa justice réservait à ces temps malheureux. Ce fléau lui avait été manifesté à plusieurs reprises dans le mystérieux soleil. Il plut à Dieu de lui révéler aussi que l'Église, après avoir traversé plusieurs douloureuses épreuves, remporterait un triomphe si éclatant que les hommes en seraient stupéfaits, et que des nations entières retourne-raient à l'unité de l'Église romaine, et que la terre changerait de face. »

Les faits que nous venons de raconter sont en petit nombre, auprès de ceux que renferment les pièces du procès de la Vénérable, qui compte plusieurs milliers de pages.

En contemplant la sagesse de Dieu se jouant, de cette manière, de l'orgueil de l'homme et de ses vaines pensées ; en voyant sa grâce répandre avec une effusion si extraordinaire ses dons et ses lumières sur la bassesse et la simplicité ; humilions-nous sous la main puissante du Seigneur ; et, inclinés dans le silence de l'admiration, répétons, en priant au pied de la croix, la parole de saint Paul : *O profondeur des richesses de la sagesse et de la science de Dieu !... Que ses jugements sont incompréhensibles, et que ses voies sont inexplicables !...* Et ensuite, à l'exemple d'Anna-Maria, faisons-nous dociles à Dieu et travaillons à devenir, par les efforts de notre volonté unie à la grâce du Saint-Esprit, du nombre de ces petits et de ces humbles dont parlait Jésus, quand il disait : « Je vous rends grâces, ô mon père, de ce que vous leur avez révélé ce que vous cachez aux prudents et aux sages. »

LIVRE VI

I

Revenons maintenant à la petite demeure de la servante de Dieu, prenons le chemin de la rue des Saints-Apôtres (1); et, avant de dire adieu à cette vie si bien remplie, franchissons encore

(1) Anna-Maria a changé plusieurs fois de demeure. La maison de la rue des Saints-Apôtres est celle qu'elle habitait en dernier lieu; elle y est morte.

une fois le seuil obscur de cet asile aimé de Dieu et honoré des hommes, jetons un dernier coup d'œil sur quelques vertus qui vont achever dans notre histoire la couronne de sa sainteté. Devant l'âme des saints, le regard se trouve à l'aise et il contemple sans lassitude, parce que, sous les traits vivants de leur physionomie intérieure, l'idéal divin se découvre, comme la lumière à travers le cristal. Il nous reste à admirer Anna-Maria humble et pauvre, docile et soumise comme un enfant. Après ce que nous avons raconté, ces vertus modestes ne sont pas une de ses moindres gloires, et pour nous une des moins utiles leçons de sa vie. En effet, si elle fut grande par les dons de la grâce, si elle fut admirable quand elle révélait les faits de l'histoire et les secrets des cœurs, lorsque, entourée des hommes de science et de piété, elle donnait des conseils et parlait en docteur; à notre avis elle est plus grande et plus admirable encore, et sa vertu brille d'un éclat plus touchant et plus beau, lorsqu'au sein de sa pauvre maison et sous ce toit que couvrait l'indigence, elle avait mis en honneur le détachement le plus complet de tous les biens de ce monde ; lorsque dans la même liberté et le même amour, elle avait embrassé comme deux compagnes et deux amies la misère et la souffrance, ces deux choses qui, dans les épreuves physiques de l'homme sur la terre, sont peut-être les plus dures à supporter, lorsqu'elles sont unies. Avec la prière, le travail, la charité et tout le cortège des vertus qui forment les élus, Anna-Maria avait rencontré le détachement dans la maison de Nazareth. La sainte famille l'avait consacré par son amour, par ses exemples ; Jésus l'avait librement choisi : comment n'aurait-elle pas aimé et embrassé ce qu'aimait Jésus, elle, qui avait constamment les yeux fixés sur l'auteur et le consommateur de notre foi, pour courir à sa suite à travers les luttes et les épreuves de la vie ?

Le détachement du cœur bien compris consiste dans l'intelligence de cette sentence de Notre-Seigneur : Cherchez premièrement le royaume de Dieu et sa justice, et les autres choses vous seront données par surcroît. Il consiste dans la pratique volontaire de cette autre parole qui porte avec elle la première des béatitudes évangélique : Bienheureux les pauvres d'esprit, parce que le royaume des cieux est à eux. Anna-Maria avait pris au sérieux ces deux paroles du divin maître : elle croyait d'une foi ferme, qu'avant toutes choses, le devoir des chrétiens est de chercher ici-bas la justice et la vérité ; que c'est une obligation sacrée, indispensable, d'établir en son cœur le royaume de Dieu, et de l'étendre autour de soi autant que le permet l'état de chacun ; et ensuite elle comprit de la même foi et avec la même assurance, que Dieu, dont les promesses sont fidèles et dont la bonté ne peut pas nous tromper, lui donnerait chaque jour son pain et celui de ses enfants, comme il donne chaque jour le grain de blé aux petits oiseaux ; et qu'avec le pain, sa bonté lui donnerait encore le vêtement, comme elle donne sa parure à la fleur des vallées ; et alors elle disait comme saint Paul : Quand nous avons de quoi manger et de quoi nous vêtir, que nous faut-il davantage ? et pourquoi ne serions-nous pas satisfaits ? Ne sommes-nous pas comme des voyageurs sur la route ? Nous allons à notre demeure permanente ; ce monde fuit comme une ombre qui ne laisse pas de traces, comme une vapeur légère que dissipe le moindre souffle ; par conséquent, usons de ces biens comme n'en usant pas... Cette disposition chrétienne que son cœur manifestait avec soin et intelligence, par la pratique d'un désintéressement journalier, l'avait amenée à voir clair dans l'Évangile ; et elle était arrivée à la béatitude qui possède déjà dès ce monde, dans la liberté et la lumière de l'esprit, le royaume des cieux promis aux pauvres de bonne volonté.

II

Le détachement d'Anna-Maria avait sa source dans son espérance chrétienne, et son espérance se fortifiait chaque jour par le détachement ; ces deux vertus croissaient ensemble dans son âme, et grandissaient simultanément ; et leur souffle sacré élevait le cœur de la Servante de Dieu dans des régions tellement sereines qu'elle méprisait comme de la boue tous les biens de ce monde.

« J'ai eu le bonheur de voir intimement Anna-Maria pendant plus de trente ans, jusqu'à la fin de ses jours ; non seulement j'ai pu admirer sa conduite extérieure, mais j'ai été aussi en mesure de connaître son intérieur, parce que son confesseur lui avait ordonné par obéissance de me découvrir toutes ses dispositions, afin que j'en prisse note pour la gloire de Dieu. Anna-Maria pratiqua si parfaitement le détachement des biens de la terre et de tous les intérêts de cette vie, que l'on peut dire avec raison qu'elle mérite, sous ce rapport, les plus grands éloges et une admiration sans réserve. C'est déjà beaucoup d'avoir l'âme détachée des choses de ce monde, et de se servir des biens créés sans y attacher son cœur ; mais lorsque, au milieu de la pénurie et de la misère, sous le poids de besoins urgents pour soi et pour les siens, besoins que l'on pourrait abondamment satisfaire, l'on refuse l'argent et les secours; lorsque, malgré une continuelle tentation, on s'abstient de se les procurer, et qu'on réprime jusqu'au désir de les avoir : c'est vraiment montrer la vertu la plus parfaite, l'héroïsme le plus signalé; c'est faire le sacrifice le plus méritoire; c'est s'imposer le martyre d'esprit le plus douloureux. Telle fut toujours la règle de conduite d'Anna-Maria; sa fidélité à n'en jamais dévier mérita plusieurs fois les éloges de la Reine des âmes humbles (1).

» Toute son espérance était en Dieu : elle méprisa les biens de la terre et refusa des offres considérables et toutes les commodités d'une vie aisée, afin de persévérer dans le chemin de la pauvreté. La plupart de ceux qui reçurent des grâces par son intervention voulaient l'en récompenser généreusement; elle refusa toujours, quoique se trouvant quelquefois dans une extrême misère, pour ne pas mêler les œuvres de Dieu avec l'argent, et par amour pour la pauvreté.

» Les dons extraordinaires qu'elle reçut du Seigneur amenèrent des relations avec des personnes riches et distinguées, qui lui offrirent maintes fois des secours et pensions; elle préféra

(1) Déposition du prêtre, son confident.

garder la pauvreté et travailler pour donner du pain à ses enfants.

« Une foule de personnes de distinction venaient chez moi pour la voir : des nobles, des prélats et autres. Je lui disais : « Pourquoi ne » songes-tu pas à dire telle chose à un tel, et « et telle autre à un autre, pour la famille ? » Elle me répondait sur-le-champ : « Oh ! mettons » notre confiance en Dieu et espérons en lui, » et autres expressions semblables qui me fermaient la bouche; et pourtant, sa foi, sa confiance en Dieu était si grande que nous n'avons jamais manqué de rien, même aux époques les plus critiques. Dieu en soit mille fois béni! Il est vrai cependant que, tout en priant Dieu, elle ne demeurait pas oisive; Dieu nous dit : « Aide-» toi, je t'aiderai. » Elle n'attendait donc pas que la corbeille arrivât du ciel, sans rien faire; elle joignait le travail à la prière, afin de ne pas tenter Dieu en prétendant exiger qu'il fît des miracles. Lorsqu'elle se voyait dans une nécessité réelle, alors elle s'adressait à lui, avec la confiance la plus grande, et le Seigneur la secourait avec tant de bonté que ce fut un continuel miracle de soutenir une si nombreuse famille, sans jamais la voir manquer de rien. Inutile de dire que sa foi et son espérance n'allaient qu'à obtenir le paradis : les discours qu'elle tenait avec moi et avec toutes les personnes de la maison, faisaient bien voir qu'elle était éprise d'amour pour le ciel, sans se préoccuper des choses de cette terre; elle aurait pu s'enrichir passablement si elle eût recherché les biens de ce monde, mais elle était contente de travailler pour soutenir sa famille de son mieux, et ne s'inquiétait nullement de tirer parti des personnes qui la fréquentaient; l'amitié que lui portait la défunte reine d'Étrurie aurait suffi pour nous retirer de la misère.

» Marie-Louise, duchesse de Lucques, voulait avoir Anna-Maria auprès d'elle; sachant fort bien qu'elle ne consentirait jamais à se séparer de sa famille, elle lui fit l'offre obligeante d'employer son mari Domenico dans son palais avec un bon traitement; il n'avait que six écus par mois dans la maison Chigi. Anna-Maria remercia poliment la duchesse, et ne voulut pas sortir de sa position. »

III

Pour diriger plus sûrement sa fidèle Servante dans les voies extraordinaires par lesquelles sa grâce la conduisait, Dieu avait exigé qu'outre le confesseur qui était chargé de sa conscience,

(1) Procès apost., relat de son mari.

Anna-Maria eût toujours auprès d'elle un prêtre
pieux et instruit, qui reçût chaque jour ses confidences pour en rendre compte au confesseur.
Après Mgr Pédicini qui remplit cette fonction
jusqu'en 1814, époque à laquelle il fut créé
cardinal, le prêtre désigné par le vénérable
Mgr Strambi pour lui succéder ne possédait que
de modiques ressources : la Servante de Dieu ne
voulut pas qu'il fît usage auprès du Pape de
puissantes recommandations qui lui eussent fait
obtenir de riches bénéfices ecclésiastiques. A
trois reprises différentes, l'empereur d'Autriche
écrivit au chevalier Gianotte, qui remplissait
alors les fonctions d'ambassadeur de sa cour
auprès de Léon XII, pour faire recommander ce
prêtre aux bontés du Saint-Père. La pauvre
femme ne permit pas même que le chargé d'affaires en parlât à la Daterie au nom de l'Empereur. Plus tard, deux bénéfices étaient devenus
vacants par la mort du cardinal Pallota, le confident de la Servante de Dieu avait des droits à
faire valoir sur chacun d'eux, et déjà ses parents
faisaient des démarches pour les lui faire conférer. Anna-Maria l'avertit qu'elle priait Dieu
d'empêcher le succès de ces démarches. En effet,
par l'entremise du cardinal Grégorio, secrétaire
des mémoriaux, le pape Grégoire XVI fit savoir
que son intention était de donner ces deux bénéfices, qui étaient à Macérata, à un ecclésiastique

du pays. Le prêtre, suivant aussitôt le conseil de la pieuse femme, se fit un devoir de les céder au Saint Père, qui daigna le remercier de ce sacrifice et lui promit de lui donner à Rome même une compensation. La Servante de Dieu ne voulut jamais permettre qu'on rappelât au Pape sa promesse, et elle est toujours demeurée sans effet. Elle disait à ce prêtre (1) qu'il fallait se contenter de vivre comme il faisait, en demandant l'aumône, par amour de Dieu, pour une pauvre famille, et ne pas quitter la voie des humiliations, par amour pour Notre-Seigneur, en qui il devait placer toutes ses espérances.

« Le logement de la Servante de Dieu devint trop petit pour sa nombreuse famille ; malgré cela, il fallut l'ordre formel de son confesseur pour la décider à en prendre un autre. Son confesseur l'obligea aussi de changer de logement, lorsque sa fille, devenue veuve, rentra dans la famille avec ses enfants. »

Le cardinal Pédicini, qui voyait sa misère, lui offrit un appartement dans le palais de la chancellerie ; elle aima mieux vivre pauvre en travaillant que de recevoir des pensions. Le cardinal Fesch lui fit les mêmes offres, qu'elle refusa de nouveau.

____

(1) Dom Raphaël Natali, dont nous avons parlé. — La Servante de Dieu voulut qu'il restât pauvre.

« La reine d'Étrurie se plaignait de ce qu'elle ne demandait jamais rien ; elle ouvrit un jour devant elle un tiroir rempli d'or en disant : « Prenez donc, ma chère Anna, prenez tout ce que vous voudrez. » Anna-Maria sourit, et répondit avec une franchise toute naïve : « Que vous êtes simple ! je sers Dieu, qui est plus riche que vous ; il pourvoit et il pourvoira à mes besoins par sa bonté. »

Toutefois elle recevait avec plaisir et avec une vive reconnaissance de la part de la Reine et des personnes riches qui s'intéressaient à elle des plats de leur table, des poulets, des gâteaux, de beaux fruits, du vin vieux, des liqueurs, etc..., mais Anna-Maria n'y touchait jamais, ni son mari, ni ses enfants, c'était la part de ses pauvres malades. Elle en faisait diverses portions, et au premier moment libre elle les portait à des mères de famille en convalescence, à de pauvres ouvriers. La meilleure portion était toujours, tant qu'elle vécut, pour la pauvre incurable de l'hôpital Saint-Jacques dont nous avons parlé. « Prenez, mes amis, leur disait-elle, prenez ce que Dieu dans sa bonté m'a envoyé pour vous. Soyons bons, aimons-le, servons-le avec fidélité, soumettons-nous à sa volonté, et il ne nous abandonnera pas. »

Dans les moments difficiles et critiques, quand le travail manquait ou ne suffisait pas, quand la maladie exigeait au delà de ses moyens pécuniaires, elle recourait à Dieu, et il venait à son secours, avec un soin tout paternel ; mais le Seigneur, qui voulait faire pratiquer à sa Servante des vertus parfaites, ne lui envoya jamais des ressources abondantes ; il voulut, au contraire, qu'elle vécût au jour le jour, comme les oiseaux, ainsi qu'elle le disait elle-même. Une autre preuve de sa confiance en Dieu, ce sont les traits de providence dont elle fut toujours l'objet, contre toute prévision, lorsque des personnes qui la connaissaient fort peu lui envoyaient des secours qu'elle n'avait nullement demandés.

« Un jour qu'elle priait à cette intention devant le Crucifix de Saint-Paul, elle entendit dans son recueillement extatique une voix qui disait : « Retourne chez toi et tu trouveras les secours dont tu as besoin. » En effet, elle trouva une lettre du marquis Bandini, écrite de Florence, avec une petite traite. »

IV

« Ayant mal aux pieds, elle ne voulut pas se servir d'un tapis usé, que lui avait procuré le prêtre qui était son compagnon, parce qu'elle ne voulut pas sortir de ses habitudes de simplicité. Notre-Seigneur, dans un entretien, loua et approuva cet esprit de simple pauvreté.

» Les dépenses de la maison étaient bien réglées selon nos besoins, et jamais rien ne manquait de ce qui était nécessaire ; mais en même temps elle usait de frugalité pour ne pas laisser prendre de mauvaises habitudes. Quoique je lui eusse donné toute liberté, elle voulait avoir mon avis, toutes les fois qu'il y avait à faire quelque chose d'extraordinaire.

» Je me souviens qu'à l'époque de la république romaine, c'est-à-dire lorsque les Français vinrent à Rome, une épouvantable disette se fit sentir ; je perdis mon salaire mensuel. Ma pauvre femme, pleine de courage et de force, m'encourageait à la confiance en Dieu, pour nourrir notre nombreuse famille. Elle apprit à faire des corsets, ainsi que des souliers de femme, avec des semelles tricotées, selon la mode du temps, et elle travaillait nuit et jour ; et, même dans ses maladies, elle ne restait point oisive : elle travaillait encore dans son lit. Le Seigneur bénit son travail de manière à fournir le moyen de donner du pain à nos enfants, et de secourir même une foule de pauvres qui recouraient à sa charité. Il est vrai que les ouvrages n'auraient pu subvenir à de si grands besoins ; toutefois ils établirent des relations avec quelques religieuses de Saint-Dominique et Sixte. Comme la reine d'Étrurie était dans leur maison, Sa Majesté connut alors la Servante de Dieu.

» Je me souviens aussi qu'à la même époque de la république romaine, le blé disparut, et Rome se trouva dépourvue de pain en un moment ; il fallait faire queue au milieu de la foule chez les boulangers ; ma pauvre femme, qui était si délicate, restait courageusement des jours entiers au froid et au vent, pour ne pas laisser souffrir la famille (1).

» Sa grande peine était de ne pouvoir secourir les misères d'autrui, comme elle l'aurait voulu. Afin de pouvoir soigner les malheureux sans faire tort à ses enfants, elle travaillait la nuit, aux époques les plus critiques, afin de gagner quelque chose de plus, et de donner quelques secours avec ma permission ; et Dieu nous bénissait en accordant le nécessaire par un miracle presque continuel. Que pouvais-je faire avec mon traitement de six écus par mois, si je n'avais pas eu la servante de Dieu ? Je lui avais remis tout le soin de la maison, je la laissais faire et aller où elle voulait, parce que je remarquais que lorsqu'elle avait pratiqué quelque dévotion, la Providence nous venait en aide ».

____

(1) C'est dans ce moment qu'elle prit sa mère dans sa maison.

V

» Une foule de gens affligés recouraient à ses services, elle les consolait avec patience et charité, et les aidait du mieux qu'elle pouvait ; non seulement elle payait ce quelle devait, mais je me souviens que, si dans les dépenses journalières elle remarquait l'erreur de quelques sous dans ses comptes avec Luigi Antonini, elle faisait rendre ce sou, avant même de déjeuner. A l'époque où elle faisait des corsets pour les religieuses de Saint-Dominique et Sixte, elle restituait jusqu'à un morceau de fil qui était resté ; elle ne contractait pas de dettes, parce que, selon le proverbe, elle faisait ses pas selon ses jambes ; mais, si elle était contrainte de faire quelque dette de peu d'importance, elle en avertissait le marchand avant d'acheter, et s'empressait de payer au plus tôt sans attendre la visite du créancier. Elle payait très exactement les filles de service qu'elle employait dans la maison ; outre le salaire convenu qu'elle avait soin de leur donner chaque mois, toutes les fois qu'il y avait dans le ménage quelque travail extraordinaire, elle leur donnait des étrennes, et leur offrait quelque régal. Ces filles témoignaient peu de gratitude ; néanmoins, elle passait sur tout par esprit de charité. »

Après ces paroles du mari, voici ce qu'a déposé la fille de la vénérable Servante de Dieu.

« Ayant perdu mon mari, je retournai à la maison paternelle, en pleurant ; ma mère m'encouragea et me dit : « Dieu doit y penser, ayons confiance en lui ; car celui qui place son espérance en Dieu, ne sera pas confondu. » Dans ces jours de deuil, entre autres pensées qui m'attristaient, je me demandais comment ma mère, déjà si gênée, pourrait me nourrir avec mes six enfants ; elle m'appela, et me dit : « A quoi penses-tu ? Tu dois savoir que Dieu n'abandonne jamais personne : tu auras ce qu'il faut ; aie confiance en Dieu et ne pense à rien autre : pour moi je ne t'abandonnerai jamais. » C'est ainsi qu'elle m'inspira la confiance en Dieu, en découvrant les pensées secrètes de mon cœur.

» Dans ses peines, que ses larmes ou son attitude trahissaient, elle ne cherchait pas de consolation et de soulagement humains ; elle disait quelquefois : « Je n'ai jamais espéré dans les créatures ; dans mes plus grandes peines, j'ai toujours espéré uniquement en Dieu, qui ne m'a jamais abandonnée, et j'ai la ferme confiance qu'il ne m'abandonnera pas à l'avenir ».

» Voici quelques oraisons jaculatoires qu'elle

répétait souvent : « Jésus, mon espérance, ayez
pitié de moi ; Mère de l'espérance, priez Jésus
pour moi; Jésus, père des pauvres, ayez pitié
de moi. »

» Malgré sa grande pauvreté, elle faisait cependant l'aumône à tous ceux qui se présentaient à sa porte ; elle disait aux personnes de
sa maison : « Ne renvoyez jamais les pauvres ;
lorsque vous n'avez rien autre, donnez-leur un
morceau de pain ; vous savez où il est. »

» Pour secourir les pauvres, elle s'ôtait le
pain de la bouche ; afin que ses aumônes ne fussent pas à charge à la famille, elle travaillait
plusieurs heures de la nuit, de manière à gagner
quelques petites ressources, dont elle disposait
pour eux ; elle agit ainsi jusqu'à l'époque de ses
grandes maladies. Elle aimait à visiter les hôpitaux, et particulièrement celui de Saint-
Jacques ; elle portait toujours quelques biscuits
ou du bon vin pour les convalescents ; elle se
faisait accompagner par ses filles pour leur apprendre la charité chrétienne par ses exemples,
et les habituer à secourir le prochain.

» Lorsqu'elle rencontrait quelque femme
pauvre, dont les habits étaient déchirés, surtout
dans l'hiver, elle la conduisait chez elle, la faisait manger de son mieux, et l'habillait propre-
ment, en lui donnant des chemises et tout ce
qu'il fallait, sans témoigner la moindre répu-

gnance. Cette sainte femme portait une âme virile. »

VI

A un détachement si parfait Anna-Maria joignit une humilité sincère et profonde ; l'humilité, on peut le dire, est la pierre de touche de la vertu solide, et le fondement de la vraie sainteté : Anna-Maria aima l'humilité, comme elle aima toutes les vertus qui croissent près de Jésus. La Providence cependant lui fournit des occasions nombreuses où l'humilité pouvait faire naufrage ; elle traversa la longue épreuve de l'orgueil en même temps que celle de la richesse.

C'eût été assurément, pour une âme ordinaire, une rude tentation, que celle de se voir entourée, estimée, recherchée par ce que Rome avait de plus grand ; de voir sa petite maison devenir le rendez-vous du pauvre et du riche, et ses discours écoutés comme des oracles ; être le conseil des sages, le guide des savants, le docteur des grands et des peuples, porter sur ses lèvres les secrets de l'avenir ; lire dans le sanctuaire des consciences. Mais, au milieu de tant de lumières, avec cet éclat et ce prestige, rester petit à ses propres yeux, fuir les honneurs, rejeter les louanges et l'estime, aimer au contraire à être oublié, à être compté pour rien, se mépriser soi-même et chercher sincèrement le mépris de tous : quel est celui qui a fait ces merveilles ? qu'il se montre, et nous le comblerons de louanges. Telle fut Anna-Maria pendant plus de quarante ans. Les femmes mettent ordinairement leur orgueil dans de si petites bagatelles, qu'il semblerait, au premier aspect, qu'Anna-Maria aurait eu des motifs suffisants de s'enorgueillir ; son front baigné dans une céleste lumière semblait lui donner quelque droit de compter sur son esprit et de prendre complaisance dans ses pensées ; la fidèle Servante de Dieu disait, avec saint Paul : « Qu'avons-nous, que nous n'ayons reçu ? et si nous l'avons reçu, pourquoi nous en glorifier, comme si nous ne l'avions pas reçu ? par conséquent, que celui qui se glorifie se glorifie dans le Seigneur ; et parce que le Seigneur avait daigné abaisser jusqu'à sa bassesse un regard de miséricorde, à l'exemple de Marie, elle chanta ses louanges et la gloire de son saint nom, jusqu'à son dernier jour.

« C'est une marque bien frappante de son héroïque vertu que d'avoir su se tenir cachée dans sa position, dans le but de ne pas faire naufrage au milieu des écueils de ce monde, et cependant d'avoir toujours cherché avec un zèle ardent à opérer tout le bien possible, soit public soit privé !

» Il fallait assurément une habileté surnaturelle, pour faire luire la lumière au milieu des ténèbres, sans en indiquer le foyer.

» Quelle profonde humilité ! quel détachement ! quelle prudence héroïque ne fallut-il pas pour se tenir dans l'ombre, pendant qu'elle donnait de toutes parts les conseils que demandaient des souverains, des ecclésiastiques, des princes et des personnes de toute condition ! Elle ne se départit de cette règle que devant la nécessité bien constatée.

» Quoique la Servante de Dieu fît tout son possible pour s'éclipser et se cacher, la splendeur des lumières et des dons surnaturels dont elle faisait usage pour la gloire de Dieu et l'utilité du prochain, ne le permettait pas toujours. Elle recommandait instamment le silence aux personnes qui recevaient des grâces extraordinaires par ses prières, et, par un saint artifice, elle tâchait de leur faire croire qu'elle était une des plus misérables créatures de ce monde ; néanmoins, la réputation d'Anna-Maria alla si loin, surtout dans les premiers temps, qu'elle était continuellement assiégée chez elle et dans les églises, par des personnes de toute condition, qui recouraient à ses prières et à ses lumières.

VII

» Sa pauvre et petite maison, au fond d'une ruelle, était fréquentée par des personnes de condition, qui foulaient aux pieds le respect humain pour avoir l'avantage de consulter une âme si privilégiée. Des prélats qui furent ensuite élevés au cardinalat, des princes, des dames distinguées, s'y montraient fréquemment ; le cardinal Ercolani, le cardinal Riganti, le cardinal Césari, Mgr Mastaï, plus tard Pie IX, et d'autres la connurent ; des évêques étrangers, arrivant à Rome, la consultaient sur les plus importantes affaires de leur diocèse, entre autres Mgr Strambi, qui attendait sa réponse avant d'agir.

» Le pape Pie VII, de sainte mémoire, me demandait des nouvelles d'Anna-Maria toutes les fois que je me rendais à l'audience ; il me chargeait de lui porter sa bénédiction, en lui recommandant de prier pour lui et pour l'Église.

» Léon XII conçut une grande estime de la Servante de Dieu, par ce que lui en dit Monseigneur Strambi. Monseigneur Mennochio, le frère Felice de Montefiascone, capucin, et une foule d'autres personnages morts en odeur de sainteté, eurent des relations suivies avec Anna-Maria, à cause de la haute considération qu'ils avaient pour elle.

» Avec les lumières qu'elle avait et avec les relations et les moyens dont elle disposait, elle aurait pu se rendre illustre dans les voies de Dieu, en établissant quelque œuvre pie ; mais elle en était très éloignée, parce qu'elle n'aimait pas les nouveautés ; elle craignait extrêmement l'amour-propre. En plusieurs occasions, elle conseilla à des personnes qui la consultaient de rétablir les belles œuvres qui existaient à Rome en si grand nombre, au lieu d'en créer de nouvelles. De cette manière, disait-elle, on fait du bien, et l'on se moque du démon, qui n'a pas le moyen de s'y introduire par l'amour-propre, l'ambition et la gloire de propager le nom d'une institution nouvelle.

» Elle ne se servit de ses dons surnaturels que pour la gloire de Dieu et l'utilité du prochain, en écartant toute vue d'intérêt temporel ; elle n'en usait qu'avec circonspection pour ce qui la concernait, parce qu'elle se considérait comme une indigne dépositaire des grâces de Dieu. Elle opérait souvent des guérisons miraculeuses, en visitant les malades ; si on voulait la remercier, elle se troublait et répondait aussitôt qu'il fallait remercier la bonté divine, qui avait daigné faire cette grâce par l'intercession de la Sainte Vierge ou des saints ; car, disait-elle, tout bien spirituel et temporel vient de Dieu, au lieu que la créature n'a que l'héritage de la misère et des maux causés par le péché ; c'est pourquoi elle tremblait toujours pour elle-même, et priait son céleste Époux, par de continuelles larmes et de continuels soupirs, de la soutenir dans ses combats : dans ce but, elle se mortifiait, elle fuyait toutes les occasions d'offenser Dieu, parce qu'elle était intimement persuadée de sa faiblesse, de son néant et de sa misère.

» Lorsqu'elle s'apercevait d'avoir commis quelque faute, même involontaire, elle s'en accusait avec amertume ; et, animée d'une sainte indignation contre elle-même, elle disait qu'elle était une orgueilleuse, une sotte, qui n'était bonne à rien qu'à faire le mal. Elle s'estimait au fond du cœur la plus misérable et la plus méprisable des créatures.

» Un autre effet de son humilité était le respect avec lequel elle traitait les autres, sans affectation, surtout les prêtres et les personnes élevées en dignité. Dans les pauvres, elle voyait les bien-aimés de Notre Seigneur, et se montrait envers eux pleine de déférence et d'affection.

« Sans un grand fonds d'humilité extraordinaire, Anna-Maria n'aurait pas exercé conti-

nuellement cette résignation tranquille et inébranlable aux volontés divines. Dans les circonstances les plus difficiles, elle ne se tourmentait pas et n'éclatait pas en gémissements
et en sanglots, comme font d'ordinaire tant
d'autres femmes ; elle gardait le silence et se
contentait de dire : « Que la volonté de Dieu
soit faite. » En outre, elle m'animait et m'encourageait à souffrir par amour de Dieu. Si c'étaient
des choses qui la concernaient, elle demeurait
dans le silence et la prière ; combien de croix
cette âme bénie n'a-t-elle pas eues ! Je me souviens de la circonstance où mon fils Camille,
aujourd'hui défunt, fut pris par la conscription
des Français ; on l'enleva par un moyen fraudu-
leux. Ma pauvre femme demeura longtemps sans
pouvoir parler. Sa douleur fut assurément bien
grande, elle la sentit vivement ; néanmoins, elle
demeura silencieuse et résignée, sans se plaindre de personne, pas même de celui que nous
avions de bonnes raisons de croire la cause de
cette fraude ; elle m'encourageait en me faisant
espérer que Camille retournerait ; en effet, il retourna par miracle (1). Ainsi encore, lorsque
mon fils Alexandre fut mis en prison pour une
bagatelle, ma pauvre femme en fut affligée,

(1) Les Français avaient établi en Italie la conscription
pour le service militaire. Camille avait tiré un numéro
élevé qui l'exemptait du service, ils en étaient tous

c'est vrai; mais elle resta en paix et pria en silence. De même, lorsque nous perdîmes les enfants qu'elle aimait beaucoup, elle les habilla de ses mains, comme elle avait fait pour sa vieille mère et pour son père défunts. »

« Elle montrait une parfaite résignation dans les maladies et dans ses indispositions continuelles. Loin d'être à charge aux autres, elle consolait tout le monde ; elle était toujours gaie et affable ; pourtant elle avait une foule d'infirmités ; cela ne l'empêchait pas de mettre la main à l'œuvre, elle s'occupait de tout, elle avait des mains d'or. »

heureux, sauf un ami des Taïgi, dont le fils, mal servi par le sort, avait tiré un numéro très bas qui l'obligeait de partir. Sa famille intrigua avec tant d'habileté qu'elle vint à bout de l'exonérer du service militaire et de faire partir Camille à sa place. Anna-Maria fit tout ce qu'elle put pour expliquer cette fâcheuse méprise. On ne voulut rien entendre, et on ne lui permit pas même de revoir son fils et de l'embrasser. Dieu récompensa la généreuse soumission de sa Servante. Le colonel du régiment prit Camille pour son ordonnance, et il revint ensuite dans sa famille sans avoir souffert de son service. — Alexandre, avec quelques jeunes gens de son âge, jouait dans un lieu prohibé par la police. La mauvaise chance voulut qu'ils fussent surpris par une patrouille qui faisait sa ronde, ils furent mis en prison et bientôt rendus à la liberté.

VIII

» Dans les premiers temps de sa conversion, une foule de personnes la recherchaient pour demander ses conseils, pour se recommander à ses prières, ou pour la conduire auprès des malades. Ce concours la poursuivit jusque dans les églises ; c'était un tourment pour elle de se voir estimée et recherchée. Elle s'en plaignit à Dieu, en lui disant, avec une simplicité confiante, qu'elle voyait bien qu'il ne l'aimait pas ; parce que, s'il l'aimait, il devait la faire marcher par la voie du mépris qu'il avait choisie lui-même ; et, voyant qu'elle marchait par une voie différente, elle craignait d'être la victime des ruses du démon et de finir par se perdre. Peu à peu, cependant, elle parvint à vivre plus retirée, elle s'éclipsa et se cacha aux yeux du monde, autant qu'elle le put, et le Seigneur exauça son désir des humiliations.

» Marie-Louise, reine d'Etrurie, avait, nous l'avons dit, une vénération particulière pour Anna-Maria ; lorsqu'elle rencontrait dans les rues de Rome la Servante de Dieu, fût-elle accompagnée de sa cour, elle s'arrêtait pour lui dire quelques paroles agréables, ou lui envoyer de sa voiture des saluts gracieux, la reine la traitait avec une bonté familière et toute cordiale. Anna-Maria faisait ce qu'elle pouvait pour éviter ce grand honneur. Lorsqu'elle voyait venir de loin l'équipage de la duchesse, elle se cachait sous une porte cochère pour laisser passer le cortège. Mais s'il s'agissait d'essuyer quelque mépris, alors elle faisait tout ce qu'elle pouvait, afin que les personnes qui l'accompagnaient ne s'en aperçussent pas, pour que ceux qui l'insultaient ne fussent pas réprimandés.

» C'est ainsi qu'elle supporta, pendant toute sa vie, des calomnies, des outrages et des insultes, par amour de Dieu, avec une patience merveilleuse, une résignation, une tranquillité d'esprit, une affection généreuse pour ses persécuteurs ; assurément, sans une profonde humilité, elle n'aurait pu arriver à un degré de perfection si élevé ; mais il lui en coûta beaucoup, à cause de son caractère vif et fougueux.

» En somme, elle était humble de cœur, humble dans ses manières, humble et simple dans ses vêtements, humble dans ses paroles ; en toute chose, elle se tenait aussi bas que possible, et ce don de profonde humilité fut une grâce particulière. »

IX

L'humilité parfaite conduit naturellement l'âme chrétienne à la parfaite obéissance. Anna-Maria posséda cette dernière vertu à un degré héroïque. D'après nos saintes lettres, c'est l'obéissance qui, prenant le Sauveur par la main dès son entrée dans le monde, le conduisit, pendant les trente années de sa carrière mortelle, à travers les diverses épreuves de son passage ici-bas, de la crèche jusqu'à la croix, obéissant jusqu'a la mort ; c'est pour cette raison sans doute que l'obéissance fut toujours une vertu chère aux disciples du Crucifié. Ces motifs étaient bien suffisants pour porter Anna-Maria à l'obéissance : plus que tout autre, elle avait besoin de sa direction et de sa conduite ; les dons qu'elle recevait étaient si extraordinaires, qu'il fallait un guide sûr pour la diriger dans cette voie épineuse ; aussi se livra-t-elle tout entière à sa conduite.

L'obéissance de la vénérable Servante de Dieu, disent les témoins de son procès, surnageait au-dessus de toutes ses autres vertus, comme l'huile à la surface de l'eau ; elle avait sur son esprit et sur son cœur un empire souverain, et son domaine s'étendait en maître sur

toute sa conduite, soit au dedans, soit au dehors.
Son confesseur était à ses yeux l'image et le
représentant de la divinité ; elle lui était soumise
comme à l'autorité de Dieu même ; elle ouvrait
son âme comme un livre devant ses regards, lui
faisait part de ses projets, de ses pensées, de
ses sentiments, de ses affaires, afin de dépendre,
en tout, de ses avis et de ses ordres. Quand elle
était convaincue qu'une entreprise tournerait
tout entière à la gloire de Dieu et au salut des
âmes, elle ne se mettait jamais à l'œuvre sans
avoir pris ses conseils ; et alors sa volonté était
la règle unique de sa conduite, ses prescriptions
étaient sacrées à ses yeux, comme un ordre
venu du ciel ; ses dévotions et ses pénitences
étaient réglées par sa décision, et si, quelquefois,
elle commençait d'elle-même quelque pratique de
ce genre, sans avoir pris ses avis, elle les laissait aussitôt qu'il manifestait ne pas les approu-
ver ; et quel que fût l'entraînement de sa ferveur,
elle n'écoutait plus que les désirs de l'obéissance.
Plusieurs fois, après avoir commencé des quarantaines de jeûne et d'abstinence, elle recevait
de son confesseur l'ordre de prendre de la viande
et de cesser son abstinence ; elle obéissait alors
sans réplique, et elle cessait ce qu'elle avait
commencé. Il en était de même pour ses communions et ses confessions : souvent lorsqu'elle
était agitée par des angoisses intérieures, et

livrée par la volonté de Dieu aux tourments de la crainte et des frayeurs surnaturelles, elle aurait fui la communion ; mais un mot de son confesseur la trouvait toujours docile ; et, malgré le saisissement dont son âme était pleine, elle avançait avec assurance vers le Dieu des âmes soumises. Dans ces heures terribles, elle aurait voulu se jeter aux pieds de son juge au saint tribunal, pour trouver dans le sacrement de la réconciliation le pardon du passé, l'innocence et la paix dont elle disait avoir besoin. Son confesseur lui refusait cette consolation, et elle s'en allait avec la même docilité.

Au commencement de sa conversion, elle se confessait tous les jours. La confession n'était pas pour elle un de ces religieux passe-temps, où la dévotion des femmes cherche souvent plutôt des satisfactions personnelles et puériles que le sérieux amendement de ses défauts. La confession était vraiment le bain salutaire où son âme, lavée dans le sang du Sauveur, prenait chaque jour une vigueur nouvelle avec une nouvelle pureté ; cependant son confesseur jugea dans la suite qu'il suffirait désormais qu'elle se confessât tous les huit jours ; en cela comme en tout le reste, elle se soumit, sans dire un mot. Elle soumettait à la direction de l'obéissance non-seulement ses affaires, ses pensées et tous les mouvements de son àme, mais encore les céleste lumières qui lui étaient communiquées.

Dans les choses intérieures de la grâce, il y a souvent autant d'amour-propre à garder dans le silence les lumières de Dieu qu'à les raconter sans nécessité. Anna-Maria, éloignée de ces deux excès, livrait au guide qui la dirigeait au nom de Dieu, les dons, les entretiens et les lumières qu'elle recevait de la bonté divine ; rien de ce qui se passait dans son intérieur ne lui était étranger : elle lui soumettait toutes ses vues, toutes ses lumières, toutes ses clartés, et elle était d'une obéissance si exacte que, lorsque l'avis et la décision de son confesseur n'étaient pas d'accord avec la voix mystérieuse qui la guidait, elle n'hésitait pas à se soumettre, et elle laissait de côté sans difficulté tout ce qu'elle avait vu et entendu, quand même elle eût prévu le mauvais succès de l'entreprise recommandée par le confesseur.

C'est ainsi que, chez la Servante de Dieu, tout cédait à l'obéissance, même les mouvements celestes et surnaturels qui ne sont pas à la disposition de l'homme, et sont au-delà de son domaine ; ainsi, tandis qu'aucune force créée ne pouvait arrêter les ardeurs et les flammes dont son cœur était embrasé, et la faire revenir à elle-même, dans ces ravissements dans lesquels elle était si souvent plongée, un mot de son confesseur suffisait pour la rappeler à elle-même et la rendre à la vie ordinaire; non-seulement un mot, mais une simple volonté intérieure, sans parole et sans signe extérieur, arrachait instantanément son âme aux effusions de la grâce, et la retirait des profondeurs du monde surnaturel et des plus hautes régions de l'extase. Quelquefois même il est arrivé que son corps, lui aussi, tout brisé qu'il était par la maladie, a senti cette sublime influence de l'obéissance, et s'est rangé, comme un soldat sous la discipline de son général, au premier signal du commandement (1).

« Le duc Altemps, avant de se marier, voulut faire une retraite au couvent de Saint-Bonaventure, et me pria de le suivre. Je demeurai donc dans le couvent sans faire la retraite, et j'allais voir Anna-Maria tous les jours vers le soir. Je la trouvai un jour au lit, à mon grand déplaisir, avec de grandes douleurs dans les jambes qui étaient enflées ; je la laissai dans cet état, plus souffrante que jamais. Le lendemain matin, j'éprouvai une grande agitation d'esprit ; et, n'osant pas célébrer la sainte messe, je recourus à Dieu, et commandai à Anna-Maria, au nom de l'obéissance, de se guérir immédiatement, de sortir du lit, et de venir me voir à Saint-Bona-

(1) *Informat. sup. dub.*

venture. Moins d'une heure après, entendant sonner à la porte du couvent, je courus et trouvai Anna-Maria qui, tout échauffée par la marche qu'elle venait de faire, me dit en souriant : « Ne me faites plus de tours de ce genre, parce que je suis mère de famille ; je ne puis pas perdre mon temps et venir de si loin ; « elle me tranquillisa, et retourna bien vite à la maison (1). »

Ainsi, pour obtenir le mérite d'une obéissance parfaite, elle s'est tellement livrée à ses directeurs dans sa volonté et dans ses actions, soit intérieures, soit extérieures, qu'elle ne s'est plus rien réservé pour elle.

X

Outre l'obéissance qu'Anna-Maria pratiqua si fidèlement envers ses confesseurs, parce qu'ils étaient les représentants de Dieu dans l'ordre surnaturel, elle se soumit avec la même docilité à son père, à sa mère et à son mari, parce qu'ils étaient l'image de l'autorité de Dieu dans l'ordre temporel. Cette vertu fut la compagne constante de sa vie ; et c'est avec la plus grande édification que les témoins de son procès ont déposé, que, parfaite dans le respect et la déférence

(1) Le confident.

qu'elle portait aux auteurs de ses jours, elle leur était soumise en toute chose ; qu'un seul signe de leur volonté la trouvait toujours prête à l'obéissance, et qu'elle était même attentive à prévenir leurs moindres désirs.

Quant à son mari, ce que nous avons déjà raconté prouve quelle soumission elle avait pour lui, de quels soins elle l'entourait, et quelle condescendance elle avait pour exécuter sa volonté. Elle savait plier ses goûts aux siens ; et, quoiqu'ils ne fussent pas souvent les mêmes, elle cédait toujours avec beaucoup de grâce. Qu'avait-elle de plus cher que ses exercices de piété et ses dévotions ? Mais si son mari demandait quelque chose, elle en faisait aussitôt le sacrifice pour lui être agréable. « Par amour de Dieu, dit son mari, elle se privait de boire ; mais quand je disais : Marianne, bois ; ou, tu n'as pas bu, elle se mettait à sourire et m'obéissait aussitôt ; je l'ai toujours trouvée docile et soumise comme une brebis. »

Nous savons quelle répugnance elle prit, après sa conversion, pour tous les plaisirs et divertissements du monde ; c'était comme une espèce d'horreur, même pour les délassements honnêtes. Son mari ajoute : « Je lui disais quelquefois : Marianne, allons à tel endroit ou à tel autre, elle ne me témoignait aucun mécontentement, elle se rendait à mes désirs avec une douce affabilité, comme par exemple, quand je voulais aller voir les marionnettes ou quelque autre divertissement de ce genre. Mais ensuite, m'étant aperçu qu'en venant m'accompagner elle le faisait plutôt pour me complaire et pour m'obéir, que par goût et pour y prendre sa part de satisfaction, et que par conséquent c'était pour elle un sacrifice, je la laissai en paix.

L'obéissance était devenue comme le soutien de cette âme étonnante, elle obéissait à tout le monde : lorsqu'elle était malade, elle se livrait comme une victime à son médecin, au point de prendre les remèdes qu'elle savait positivement devoir lui faire du mal. Dans sa maison, elle soumettait son jugement à celui des autres, elle se faisait la servante de tous ; dans tout ce qui était laissé à la liberté de son dévouement, elle se laissait conduire comme un enfant, de façon qu'on eût dit qu'elle avait perdu son libre arbitre (1).

« Pie VII, de sainte mémoire, qui la connut par Mgr Pédécini, lui fit donner l'ordre de lui écrire ; elle écrivit par obéissance, avec les circonstances les plus minutieuses, un trait de l'enfance du Pontife ; le Pape dit en souriant : « que tout était vrai. » Depuis lors, toutes les fois que Mgr Pédicini allait à l'audience, le Saint Père

(1) *Informat sup. dub.*

demandait des nouvelles d'Anna-Maria, et lui envoyait sa bénédiction en lui ordonnant de prier à son intention. »

Cette femme qui avait tant de lumières et tant de dons, qu'un ambassadeur, nous l'avons dit, avoue qu'elle connaissait mieux le monde que les plus profonds politiques, cette femme se soumettait à tous par esprit d'obéissance et d'humilité.

« Enfin le Sauveur, qui conduisait sa Servante par la voie de la croix, voulut qu'à son exemple elle fût obéissante jusqu'à la mort ; plusieurs jours avant son trépas, Anna-Maria apprit surnaturellement que son état demandait, pour reprendre sa santé ordinaire, des remèdes adoucissants, mais qu'elle était perdue, si on employait des remèdes violents ; que cependant, si on insistait pour ces derniers remèdes, il fallait obéir, parce que cette obéissance serait couronnée dans le Ciel. Elle fit part de cette révélation au prêtre qui recevait ses confidences : celui-ci s'opposa à l'avis des médecins, mais ils insistèrent pour l'emploi des remèdes qui devaient la conduire au tombeau ; la pauvre femme se résigna à souffrir et à mourir. En effets ces remèdes douloureux excitèrent les humeurs et les attirèrent à la poitrine, et furent cause de sa mort (1).

(1) Relation du confesseur.

XI

C'était en l'année 1836. Anna-Maria était tombée malade ; le 24 octobre, elle s'était mise au lit, et elle ne devait plus le quitter, parce que le jour de sa délivrance approchait. La Servante de Dieu avait combattu le bon combat ; comme un guerrier plein de bravoure, elle s'était mesurée avec les luttes et les douleurs de la vie, et l'heure aller sonner du triomphe et de la récompense. Pendant sept mois entiers, elle acheva, sans perdre un seul instant la paix de son esprit et la bonté de son caractère, dans les souffrances les plus aiguës, de tresser la couronne de ses mérites et de ses victoires.

« Malgré les souffrances qu'elle endurait, et malgré la peine de laisser sa nombreuse famille sans ressources et abandonnée à la charité d'autrui, elle conserva la plus invariable résignation à la volonté divine dans une parfaite tranquillité d'esprit. Elle parlait de sa mort prochaine, comme nous parlons d'un voyage. De son lit, elle réglait tout l'ordre de sa maison ; et, jusqu'aux trois derniers jours de sa vie, elle s'occupa des siens. »

Dieu, qui l'avait comblée de ses faveurs pendant le cours de sa carrière si tourmentée, la consolait par de nouveaux bienfaits dans ces derniers jours de son épreuve. Son humble demeure se transforma en sanctuaire ; et, chaque jour, en vertu d'un indult apostolique, le sacrifice eucharistique était offert dans son oratoire privé. Le pape Grégoire XVI, qui avait conçu pour les vertus de la Servante de Dieu une estime toute particulière, lui avait permis, par faveur spéciale, de recevoir la sainte eucharistie sans observer le jeûne que ses infirmités ne lui permettaient plus de garder.

Le 2 juin 1837, elle fut prise d'un mouvement de fièvre qui n'inspira aucune crainte à la famille et à son médecin : elle en avait eu souvent de semblables et même de plus violentes. Mais, la nuit suivante, la fièvre la reprit, et, le lendemain matin, qui était le lundi, elle eut, après avoir reçu la sainte communion, un évanouissement prolongé, et un moment d'agonie tel, que sa famille crut qu'elle touchait à ses derniers moments. Cet évanouissement était un ravissement extatique, dans lequel il lui fut de nouveau révélé qu'elle mourrait le vendredi suivant. Quand elle fut revenue de son extase, elle fit appeler le prêtre qui était le confident de ses pensées, et elle lui annonça, avec un visage rayonnant d'une joie céleste, ce que Dieu venait de lui découvrir ; elle parla avec une vive reconnaissance des consolations dont le Seigneur venait de la combler.

Il est impossible, raconte son confesseur, de rendre l'expression de bonheur qui brillait sur son visage.

Quelque temps après, elle demanda son mari, le remercia des soins qu'il avait eus pour elle, et de l'affection qu'il lui avait toujours témoignée, et elle eut avec lui un dernier entretien particulier. Elle fit ensuite venir tous ses enfants ; elle confia le soin de la maison à sa fille aînée, qui était veuve depuis plusieurs années. Puis, elle leur fit à tous une touchante exhortation, en leur recommandant la fidélité à la loi de Dieu et à tous leurs devoirs, la dévotion à la sainte Vierge et aux saints, et la pieuse pratique de réciter le chapelet en famille. Elle les mit en particulier sous la protection de sainte Philomène, dont elle avait toujours propagé le culte ; enfin, après leur avoir recommandé la paix et l'union, elle fit à son mari ses derniers adieux, donna à ses enfants agenouillés la suprême bénédiction maternelle ; et, se recueillant ensuite en elle-même, elle détacha son esprit de la terre, pour ne plus penser qu'au ciel et se préparer à son dernier passage.

Le mardi, le mal augmenta avec une grande violence ; le médecin voulut faire usage de ces remèdes énergiques que la pieuse femme savait devoir lui être funestes ; elle fit alors les observations qu'elle crut nécessaires dans la circonstance.

Le médecin tint à ses prescriptions ; et, la famille ayant joint ses instances pour l'emploi de ces médicaments, Anna-Maria accepta tout dans cet esprit d'obéissance qui lui était si ordinaire, et qui lui avait été recommandé ; alors elle soumit son corps à ces nouvelles douleurs, et s'unit à Notre-Seigneur sur la croix.

Le mercredi, elle demanda le saint Viatique , elle le reçut avec une piété si tendre, un amour si profond, que les sentiments de son âme se communiquèrent à ceux qui furent les témoins de cette touchante cérémonie, et leur arrachèrent des larmes d'attendrissement ; elle voulut recevoir une dernière bénédiction d'un religieux de le Trinité, dont elle était tertiaire ; et alors commença la longue et douloureuse agonie pendant laquelle Dieu lui laissa toute sa connaissance, en même temps qu'une paix parfaite et une résignation toute d'amour.

Dans la soirée de jeudi, Anna-Maria reçut le sacrement de l'Extrême-Onction, et bientôt après ses souffrances redoublèrent, et son agonie, devenue plus douloureuse, lui ôta l'usage de la parole. C'est la coutume en Italie, qu'à l'approche des derniers instants, les personnes de la famille quittent la maison, ou au moins la chambre du malade ; on fit éloigner ses proches et ses enfants : leurs gémissements et leurs sanglots auraient pu troubler la sérénité de ces moments

suprêmes, et il ne resta près de son lit que les personnes qui devaient l'assister.

XII

« Mais Notre-Seigneur réservait à sa Servante
un dernier sacrifice. Ce bon maître qui la rendit
obéissante jusqu'à la mort, voulut qu'elle l'imitât
encore dans les heures de son délaissement sur
la croix, et il permit qu'elle fût abandonnée de
tous, les trois dernières heures de son agonie.
Vers le soir, les pères de la Magdeleine (1), croyant
qu'elle avait encore quelque temps à vivre retour-
nèrent à leur couvent ; et le vice-curé, étant dans
la même persuasion, se retira pour réciter tran-
quillement son bréviaire. Les personnes de la
maison étaient déjà sorties (comme nous l'avons
dit) ; il ne resta près d'elle que deux femmes de
service, qui, entendant dire que le moment n'é-
tait pas venu, se mirent à converser dans un coin
de la chambre. Le prêtre, qui avait sa confiance,
demeurait dans la maison ; mais, comme il avait
passé toute la nuit précédente auprès de la malade, on l'avait obligé de prendre un peu de repos. Il était minuit, lorsqu'une inspiration sou-

(1) Les pères infirmiers de Saint-Camille de Lellis.

daine et bien marquée le fit lever ; en toute hâte il descendit chez la malade, elle touchait à ses derniers moments. Il fit aussitôt appeler le vice-curé, et ils commencèrent ensemble les prières de l'Église pour la recommandation de l'âme ; il lui donna ensuite une dernière absolution, et pendant qu'il jetait sur elle de l'eau bénite en invoquant le précieux sang de Jésus-Christ Notre-Seigneur, son âme bienheureuse passa à la vie meilleure, et alla recevoir dans le sein de Dieu le prix de ses vertus. »

A peine la Servante de Dieu eut-elle rendu le dernier soupir, que la nouvelle de sa mort fut communiquée au cardinal Pédicini. Cet éminent prélat avait été l'un des rares témoins des grâces et des vertus de cette humble et pauvre mère de famille ; il s'empressa d'adresser au cardinal vicaire de Sa Sainteté la lettre suivante :

ÉMINENCE RÉVÉRENDISSIME,

» Il a plu au Seigneur d'appeler au repos éternel l'âme d'Anna-Maria Taïgi, domiciliée dans la rue des Saints-Apôtres, numéro 7. Le cardinal vice-chancelier soussigné, qui a eu l'avantage de la connaître et de pouvoir admirer, pendant plus de trente années, les dons extraordinaires et les étonnantes lumières dont Dieu l'avait enrichie à l'égal des plus grands saints, a eu mille fois la preuve que ces lumières ne pouvaient venir que de Dieu, par la manière dont elle a fait connaître, à des époques encore éloignées, des faits particuliers aussi bien que les événements qui intéressaient l'Église et le monde entier ; en conséquence, le cardinal soussigné croit devoir avertir la religieuse piété de votre Révérendissime Éminence, afin que la dépouille mortelle, qui servit de compagne à cette âme fortunée dans l'exercice de tant de vertus, soit entourée des égards particuliers pratiqués dans des cas semblables et si peu communs.

» Il a plu à Dieu, dans ses jugements secrets, de cacher au monde cette âme favorisée de sa grâce (bien qu'elle ait été connue de personnages de grande réputation, tels que Pie VII de sainte mémoire, qui eut plusieurs entretiens avec elle ; Léon XII, à qui Mgr Strambi en avait beaucoup parlé, plusieurs autres personnages illustres de la ville et de l'étranger l'ont également connue, entre autres Mgr Flaget, qui eut la satisfaction de la visiter, pendant sa maladie, avant de quitter Rome) ; cependant, qui peut savoir quels sont les secrets desseins du Seigneur, et s'il ne daignera pas, comme on a lieu de l'espérer, manifester dans l'avenir ses miséricordes envers cette créature privilégiée ?

» Le cardinal profite de cette occasion pour exprimer à votre Éminence Révérendissime le profond respect avec lequel il lui baise très-humblement les mains.

» De votre Éminence Révérendissime, le très-dévoué serviteur.

» CHARLES-MARIE, cardinal Pédicini. »

Le cardinal Odescalchi communiqua au Souverain Pontife la lettre testimoniale du cardinal Pédicini, et Grégoire XVI ordonna à son vicaire de désigner dans le nouveau cimetière du champ Véran, près de Saint-Laurent-hors-des-Murs, un endroit séparé pour sa sépulture, afin de pouvoir plus facilement, au besoin, retrouver ses précieuses dépouilles.

Cependant, après avoir laissé exposé le corps de la défunte pendant toute la journée du vendredi et une partie du samedi, on le transporta, dans la soirée du samedi, dans l'église paroissiale de *Santa-Maria in via lata*, où il demeura exposé tout le dimanche; il fut ensuite porté au cimetière de Saint-Laurent, et là, conformément aux prescriptions du Saint-Père, et d'après les ordres du cardinal-vicaire, le corps renfermé dans un cercueil de plomb fut scellé des sceaux de l'avocat Rosatini et des témoins, et enterré près de la chapelle du cimetière. On recouvrit la fosse d'une pierre de marbre, sur laquelle on grava cette inscription :

D. O. M.

ANNA . MARIA . ANTONIA . GUSUALDA . TAIGI
NATA . GIANNETTI . IN . SIENA
IL . XXX . MAGGIO . MDCCLXIX
MORTA . IN . ROMA
IL . IX . GIUGNO . MDCCCXXXVII
TERZIARIA . SCALZA
DEZL'ORDINE . DELLA . SANTISSIMA . TRINITA (1).

XIII

En ce temps-là, le choléra s'avançait menaçant sur Rome, après avoir envahi l'Italie et
exercé de grands ravages dans le Nord et le
Midi de la Péninsule. Le gouvernement pontifical
avait pris toutes les mesures qu'exigeaient les
circonstances, pour préserver la ville de l'inva-

(1) Au Dieu très bon, très grand. — Anna-Maria-
Antoinette Gésualde Taïgi, née Giannetti, à Sienne, le
30 mai 1769, morte à Rome, le 9 juin 1837, tertiaire dé-
chaussée de l'ordre de la Très-Sainte-Trinité.

sion du fléau. Anna-Maria venait de mourir le 9 juin ; ce même jour, le choléra éclatait à Rome ; déjà la terreur était dans tous les esprits.

« Le peuple était si effrayé et craignait tellement la maladie que, si l'on rencontrait un cadavre porté dans les rues, même renfermé dans un cercueil, on rebroussait chemin, ou bien on se couvrait la bouche et les narines, on entrait dans les boutiques ; en un mot, on cherchait à éviter la contagion de toutes les manières ; pour la même raison, on désertait complètement les églises où l'on savait qu'un mort se trouvait exposé. Personne ne prenait soin de s'informer des personnes décédées, afin de détourner la pensée de la mort et les inquiétudes d'esprit qui pouvaient disposer à la maladie. Cette pensée de la mort était devenue plus que jamais effrayante et terrible, même pour la plus brillante jeunesse.

» Pour cette raison, la mort de la pieuse femme passa inaperçue dans le premier moment ; mais, au bout de quelques jours, le bruit s'en répandit, et je ne pouvais me débarrasser des demandes que m'adressaient à ce sujet les personnes du peuple, aussi bien que les plus distinguées, prélats, évêques, cardinaux et seigneurs de marque, désirant tous en connaître les plus minutieux détails.

» Je me rappelle qu'ayant rencontré le chanoine del Buffalo (1), devant l'église du Gésu, et nous étant entretenus de cette mort, cet homme de vertueuse mémoire témoigna la plus grande douleur sur la perte que faisait toute notre ville, dans la personne de la Servante de Dieu. Il me dit ces propres paroles : « Ah! dom Raphaël, quand le Seigneur appelle à lui des âmes qui lui sont si chères, c'est un signe qu'il veut punir. Préparons-nous à des fléaux. »

En effet, la main de Dieu s'appesantit sur la ville de Rome après la mort de sa Servante, et la justice divine qui l'avait épargnée pendant la vie de la pieuse femme, exerça ses rigueurs ; peu de jours après son décès, le fléau frappait des victimes par milliers.

Cependant, lorsque le bruit se répandit que la pieuse Anna-Maria avait cessé de vivre, la nouvelle de sa mort causa d'unanimes et d'universels regrets. *La sainte est morte, la sainte est morte*, disait-on de toutes parts, et tous se demandaient avec une curiosité respectueuse des détails sur ses derniers moments.

« Bien des personnes qui l'avaient connue m'arrêtaient pour me demander des détails ; les uns parlaient des dons particuliers qu'elle avait reçus de Dieu, d'autres disaient qu'ils avaient

____

(1) Fondateur de l'institut du Précieux-Sang, mort en odeur de sainteté le 28 décembre de la même année.

obtenu des grâces par ses prières. Chacun en disait du bien et faisait son éloge, et tous la regardaient comme comblée de mérites et de vertus; plusieurs allèrent visiter son tombeau au cimetière de Saint-Laurent, malgré l'épidémie qui régnait. Pour moi, je l'ai toujours estimée, et je dis que le Sauveur m'a ôté sa pieuse Servante, parce que je n'étais pas digne de la posséder; je dis que je l'ai toujours estimée, comme une âme de grande vertu; mais je ne connaissais et ne soupçonnais pas une foule de choses, que j'ai apprises de différentes personnes après sa mort. Je crois que le Seigneur l'a mise dans le paradis, à cause de sa grande bonté et de ses éminentes vertus, et j'espère qu'elle prie pour moi et pour toute la famille (1). »

La maison obscure et pauvre de la rue des Saints-Apôtres, où elle avait fini sa course, était assiégée par la foule. Sa tombe, quoique assez éloignée, devint aussitôt un lieu de pèlerinage; et, malgré la terreur que nous avons décrite, les habitants de Rome et un grand nombre d'étrangers s'y rendaient, attirés par leur dévotion. La réputation de sa sainteté, qui s'était étendue dans toute l'Italie et même au-delà, amenait de nombreux visiteurs sur le lieu qui gardait sa dépouille.

(1) Déposit. du mari.

Pour satisfaire aux désirs de la piété universelle, et pour répondre aux élans de la vénération populaire, on publia, à deux reprises différentes, le portrait de la pieuse femme.

Le peuple l'invoquait comme une sainte, et des hommes éminents par leur science et leur dignité recouraient à son intercession. L'éminent cardinal Micara, dont tout le monde connaissait la prudence et la sévérité en ces délicates matières, avait une confiance telle en la Servante de Dieu, que, dans sa dernière maladie, il ne voulut jamais se séparer de son portrait, et ne cessa pas, de se recommander à son intercession. Le savant et pieux prélat parlait avec bonheur des vertus de la Vénérable, et engageait tout le monde à s'adresser à ses prières. Le serviteur de Dieu, Vincent Palotti assurait qu'il avait éprouvé à plusieurs reprises l'efficacité de son intercession auprès de Dieu ; il avait placé sous sa protection toute sa Congrégation, dont il l'appelait le secrétaire et l'avocate toute puissante auprès du trône de la Sainte-Trinité, pour toutes ses bonnes œuvres.

Dieu, de son côté, voulut montrer en diverses circonstances qu'il avait pour agréable la foi qui se montrait de toutes parts aux vertus et à la gloire de son humble Servante. Par son intercession, des malades furent guéris, des pécheurs endurcis se convertirent, des grâces précieuses furent obtenues ; Anna-Maria elle-même apparut à diverses personnes, pour leur venir en aide dans leurs difficultés. Tous ces faits amenèrent l'autorité ecclésiastique à s'occuper canoniquement de la vie, des vertus et des miracles d'Anna-Maria Taïgi.

Par les ordres du cardinal Odescalchi, une enquête fut ouverte, et le Révérend dom Raphaël Natale, qui, pendant vingt ans, avait reçu de la bouche même de la Servante de Dieu, sur l'ordre de son confesseur, avec la confidence de toutes les grâces opérées dans son âme par la main du Seigneur, le secret de toutes ses vertus et de ses bonnes œuvres, fut chargé de l'information. Un grand nombre de témoins furent entendus; et leurs dépositions, revêtues de toutes les formalités requises en pareilles circonstances, forment un dossier composé de plusieurs milliers de pages. Déjà un décret pontifical a déclaré Anna-Maria-Gesualda Taïgi Vénérable. Celui du 8 janvier 1863 introduit la cause de sa béatification.

XIV

Cependant le concours des fidèles, qui allait toujours grandissant auprès du tombeau de la vénérable Servante de Dieu, amena l'autorité ecclésiastique à décider que son corps serait re-

tiré du cimetière de Saint-Laurent et transféré
dans une des églises de Rome. Le clergé romain, ayant eu connaissance de cette détermination, obtint du cardinal-vicaire d'avoir sous sa
garde, dans l'église de Sainte-Marie-de-la-Paix,
les restes mortels d'Anna-Maria Taïgi. On ne
saurait dire avec quels sentiments de joie et de
reconnaissance fut accueillie dans toute la ville
la nouvelle de cette translation. Au jour indiqué, la foule se porta avec empressement au cimetière de Saint-Laurent. Pour éviter l'encom-
brement qui aurait eu lieu, on avait eu soin d'en
fermer de bonne heure les grandes portes de fer
et de n'y laisser entrer avec les envoyés officiels
que les personnes qui en avaient obtenu la permission par écrit. Ce fut un moment d'anxiété
qui se peignit sur le visage de tous ceux qui
étaient présents, lorsque la pierre tumulaire étant
enlevée, le cercueil apparut, il se fit un silence
religieux devant cette caisse cachée depuis dix-
huit ans dans une terre d'une humidité extraordinaire (1) et chacun voulait voir quelle œuvre
de destruction avait été opérée sur cette vénérable dépouille. Mais quelle douce et religieuse
émotion, lorsque, le cercueil étant découvert, on
vit le corps de la Servante de Dieu aussi intact
et aussi frais que s'il avait été mis là la veille.

____

(1) *Proc. apost.*

Ses vêtements comme son corps s'étaient conservés propres et sans aucune tache. On se regardait avec surprise et personne ne rompait le silence qui tenait les esprits attentifs. Aucune odeur désagréable ne sortait de la tombe ouverte, on eût dit qu'Anna-Maria dormait.

Dès que la foule qui se pressait aux portes du cimetière apprit que le corps de la Vénérable était sans corruption, ce ne fut qu'un cri spontané d'admiration et d'enthousiasme ; et bientôt cette nouvelle remplit toute la ville. Pour éviter les démonstrations qui auraient eu lieu, il fut réglé que la translation du corps se ferait le soir, vers la nuit. Malgré cette précaution, la place de Sainte-Marie-de-la-Paix était envahie par la multitude bien avant l'arrivée du pieux cortège, à tel point qu'on avait fermé les portes de l'église pour que la cérémonie de l'inhumation pût s'y faire commodément. Le cercueil fut reçu par le chanoine Pigliacelli, recteur de l'église, entouré de plusieurs prêtres du clergé de Rome. Le procès-verbal ayant été dressé, on ensevelit le corps de la Servante de Dieu près de l'autel de Saint-Antoine, du côté de la sacristie, une simple inscription ainsi conçue :

ICI REPOSE LA SERVANTE DE DIEU

ANNA-MARIA TAIGI

indiquait le lieu où dormait, dans la paix, cette humble femme qui avait été dans sa vie un des plus beaux modèles des épouses et des mères chrétiennes.

XV

Dix ans s'étaient écoulés depuis la translation des restes mortels de la Servante de Dieu dans l'église de Sainte-Marie-de-la-Paix, lorsque le souverain pontife, Pie IX alors régnant, apprit qu'Anna-Maria avait souvent, durant sa vie, exprimé le désir d'être inhumée dans l'église des Pères de la Trinité. Membre du tiers-ordre, elle demandait à dormir sous la tutelle de ceux qui lui avaient ouvert leurs rangs. Ce désir, elle l'avait confié aux membres de sa famille. Mais son mari et ses enfants étaient petits et pauvres, et quand elle mourut, ils n'osèrent pas parler. Cependant ce désir de leur mère vénérée qu'ils n'avaient pas rempli leur restait comme une peine et même comme un regret. Comment cette volonté de la Servante de Dieu qui n'était pas exécutée vint-elle à la connaissance du Saint-Père, nous ne le savons pas, mais dès que Pie IX la connût, il voulut sans retard qu'elle fût mise à exécution. Une nouvelle translation avait bien des difficultés, mais le Souverain Pontife les trancha et il régla que le corps de la Servante de Dieu serait transféré de l'église de Sainte-Marie-de-la-Paix à la basilique de Saint-Chrysogone que desservent les Pères de la Trinité. Pie IX, cardinal Mastaï, avait connu personnellement Anna-Maria Taïgi, il savait par expérience que, du haut du ciel, elle priait pour l'Église, pour le vicaire de Jésus-Christ ; et dans son âme magnanime, il voulut donner à l'humble Servante de Dieu un témoignage public de sa haute estime et de son affectueuse reconnaissance. Et alors, le 18 du mois d'août 1865, vers les trois heures de l'après-midi, en présence du chanoine Raymond Pigliacelli, de Mgr Antoine Ruggieri, du notaire le sieur Diamilla et de deux témoins qui furent les petits enfants de la Servante de Dieu, sa tombe fut ouverte, le cercueil reconnu portant intacts les sceaux de l'inhumation. Le notaire dressa l'acte de cette reconnaissance qui fut signé par tous ceux qui étaient présents ; et il fut convenu que le transport du corps se ferait le soir avec la plus grande simplicité. Le soir, à l'heure dite, les mêmes personnes se réunirent à l'église de la Paix. La nuit était venue, quelques lampes allumées jetaient dans l'obscurité une lueur incertaine, des prêtres en simple soutane portèrent en silence le cercueil dans la nef ; et là, d'une voix émue, le chanoine Pigliacelli, recteur de l'église, fit ses adieux au nom de tous ses confrères à la Servante de Dieu, lui demandant de garder auprès de Dieu le souvenir du clergé romain et de prier pour lui. Après ces paroles qui émurent la modeste assistance, le cercueil fut placé sur le char qui l'attendait, et fut conduit, suivi des témoins de l'inhumation, à l'église de Saint-Chrysogone. A la porte de la basilique se trouvaient, avec le révérendissime P. Antoine de la Mère de Dieu, ministre général, les principaux religieux de l'ordre et quelques personnes du voisinage. Le corps de la Servante de Dieu fut reçu comme une bénédiction du ciel pour la communauté et pour l'ordre des Trinitaires tout entier. On dressa le procès-verbal de la réception du corps, qui fut immédiatement inhumé dans un caveau préparé près de l'autel du Saint-Crucifix.

Cependant le pavé en mosaïque de l'église de Saint-Chrysogone avait besoin d'être refait, et cette importante réparation demandait que le caveau où reposait le corps de la vénérable fût ouvert. C'était en l'année 1868, trois ans après sa sépulture. La congrégation des Rites donna les permissions nécessaires pour cette nouvelle exhumation et elle députa pour y présider Mgr Minetti, promoteur de la foi, muni à cet effet d'une permission spéciale du Saint-Père. Il était assisté de Mgr Salvati, assesseur des rites, de Mgr Bartolini, secrétaire, de Mgr Sillani, évêque de Terracine, et de quelques autres membres de la même congrégation. Le cercueil fut transporté à la sacristie où devait se faire la reconnaissance du corps, il portait intact le sceau des armes du cardinal vicaire de Sa Sainteté ; mais quelle déception ! quand on l'ouvrit, il en sortit une odeur fétide et le corps tout entier était couvert d'une moisissure blanchâtre. « Tout est corrompu ! » s'écria Mgr Bartolini, « c'est inutile d'aller plus loin, » et il allait faire fermer le cercueil. « Attendez un moment, » dit aussitôt le chirurgien Fracassi, et tout doucement, avec une spatule, il enleva peu à peu la moisissure, et à mesure qu'elle était ôtée, le corps de la Vénérable se montrait intact et frais comme au moment de son exhumation à Saint-Laurent au champ Véran. On comprend de quelle émotion furent saisis ceux qui furent les témoins de cette découverte. Le corps de la Servante de Dieu était en parfait état de conservation ; mais il n'en fût pas ainsi pour les vêtements qui le couvraient. La moisissure les avait tous détériorés. Les pieuses sœurs de Saint-Joseph s'empressèrent d'en faire d'autres et d'en revêtir le corps d'Anna Maria. Quand ce fut fait, ce corps fut exposé à la piété des fidèles dans la chapelle de la sacristie. Ce fut bientôt un concours considérable de la population romaine. Pendant les premeirs jours, les religieux trinitaires purent contenir la foule qui se pressait autour de la sainte dépouille. Elle devint bientôt tellement envahissante qu'on fut obligé de recourir à la force armée. Après huit jours, les derniers préparatifs étant achevés, on enferma le corps dans un cercueil en plomb que l'on mit dans un cercueil nouveau en bois de cyprès; il fut scellé aux armes du promoteur de la foi qui avait présidé à la cérémonie et déposé dans le caveau soigneusement disposé près de l'autel du Saint-Crucifix.

Une modeste inscription marque le lieu de son repos.

HEIC QVIESCVNT EXSVVIÆ VEN. SERVÆ DEI

ANNÆ-MARIÆ TAIGI

MATRIS FAMILIAS. ET. TERTIATRÆ. PROFESSÆ. ORD. DISCALCEAT. SSMÆ. TRINITATIS. REDEM. CAPTIV. QVÆ. IN. CONJUGIO. FIDEM. INVIOLATE SERVAVIT ET SUSCEPTAM PROLEM PIE EDUCAVIT.

La cause de la vénérable servante de Dieu a été reprise par la sacrée Congrégation des rites et tout fait espérer que nous verrons bientôt couronnées par un culte public ses modestes mais héroïques vertus; et que Dieu, qui se plaît à glorifier les humbles, achèvera pour l'édification de son Église l'œuvre de sa grâce, dans le triomphe de sa puissance et de la glorification de sa Servante. Alors, des documents plus étendus que ceux que nous avons eus sous les yeux, permettront à une plume plus exercée que la nôtre de donner à ce modeste essai les proportions d'une Vie plus complète.

En nous apprenant des détails nouveaux et plus nombreux sur les vertus simples et obscures d'Anna-Maria Taïgi, ils nous montreront mieux encore que la vraie et solide sainteté du chrétien consiste tout entière dans l'accomplissement des devoirs de son état; et, en nous révélant d'une manière plus intime les grâces et les merveilles opérées par le Seigneur dans cette existence si modeste, ils nous diront avec plus de force et plus d'éclat comment Dieu se plaît à se jouer de la sagesse et de la puissance de l'homme; et comment, tout ensemble, le créateur et la créature, Dieu par la grâce et l'homme par la liberté, accomplissent ici-bas des œuvres grandes et fécondes, par la seule vertu de l'Évangile et par la vertu de la Croix.

FIN

TABLE DES MATIÈRES

LIVRE VI

ÉMILE COLIN — IMPRIMERIE DE LAGNY